山水治夫 著

縄文の女神の調律《イニシエーション》

瀬《セ》織《オリ》津《ツ》姫《ヒメ》次元

ナチュラルスピリット

岩戸神社でのオーブ（長崎県）
第二章56ページ参照

屋久島の森（鹿児島県）
第一章48ページ参照

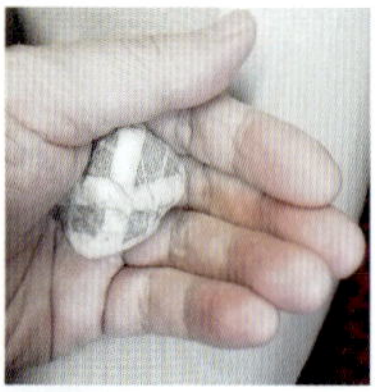

十字の石（福岡県）
第二章53ページ参照

スマホで瀬織津姫の変換
（東京都）
第三章71ページ参照

壁に聖母マリアが（長崎県）
第二章56ページ参照

※前ページ写真：（口絵1）
透けている私（滋賀県）
第八章215ページ参照

セオリツ姫・シ♭の
焼酎（大分県）
第四章90ページ参照

恐山の丹生
（青森県）
第三章82ページ参照

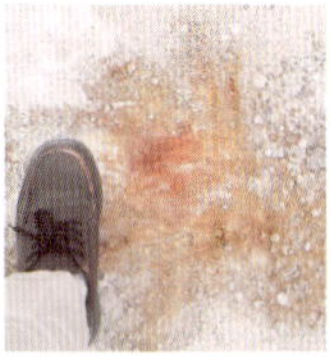

楊貴妃の像（山口県）
第四章88ページ参照

白糸の滝にて（静岡県）
第四章98ページ参照

ヒロ大神宮（ハワイ・ハワイ島）
第五章106ページ参照

マウナケアからの絶景
（ハワイ・ハワイ島）第五章111ページ参照

白く目に映る山（ハワイ・ハワイ島）
第五章109ページ参照

固まったイキ火口で寝る著者
（ハワイ・ハワイ島）
第五章120ページ参照

イキ火口のクレパスに入る
（ハワイ・ハワイ島）
第五章122ページ参照

アカカ滝
（ハワイ・ハワイ島）
第五章125ページ参照

キラウエア火口
（ハワイ・ハワイ島）
第五章126ページ参照

マノアの滝で見つけた
青い実（ハワイ・オアフ島）
第五章130ページ参照

カウアイ島の赤い大地
（ハワイ・カウアイ島）
第五章141ページ参照

ハワイ島の壮大な溶岩
（ハワイ・ハワイ島）第五章123ページ参照

ワイルアの滝
（ハワイ・カウアイ島）
第五章144ページ参照

ワイメア渓谷のUFO （ハワイ・カウアイ島）
第五章142ページ参照

恵利原の水穴の中にある
滝に打たれる著者 （三重県）
第六章161ページ参照

ヒンズー寺院の
青い石
（ハワイ・カウアイ島）
第五章134ページ参照

天の岩戸の前で発光
（三重県） 第六章161ページ参照

マリア地蔵の
金色オーブ （新潟県）
第八章220ページ参照

二見浦の虹 （福岡県）
第九章230ページ参照

又一の滝での
ハートの発光 （岩手県）
第七章201ページ参照

巨岩石の登山道（インド）
第十章248ページ参照

速瀬神社（福岡県）
第九章233ページ参照

スジャータとブッタ（インド）
第十章261ページ参照

菩提樹の葉
（インド）
第十章260ページ参照

マハーボーディー寺院の
菩提樹と著者（インド）
第十章260ページ参照

マザーテレサの墓
（インド）
第十章253ページ参照

カラオケ中の私の指
（東京都）
第十一章286ページ参照

早朝のガンジスに沐浴２（インド）
第十章264ページ参照

早朝のガンジスに沐浴１（インド）
第十章264ページ参照

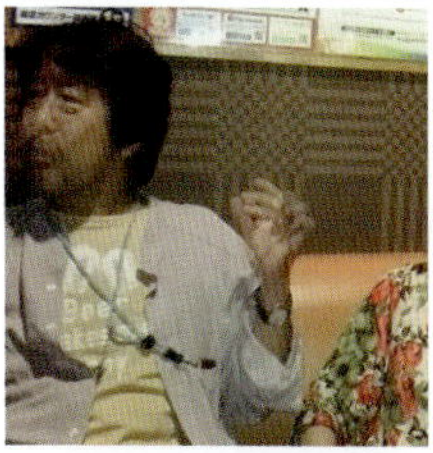

カラオケ中の私の指と顔（東京都）
第十一章286ページ参照

ラーダ・クリシュナの看板（インド）
第十章267ページ参照

二王子神社の瀬織津姫の石碑（新潟県）
第十一章289ページ参照

クリシュナの生誕地・マトゥラーにて（インド）
第十章272ページ参照

パンテオンの天上からの光
（イタリア）第十二章302ページ参照

青の洞窟（イタリア）
第十二章301ページ参照

コロッセオ（イタリア）
第十二章305ページ参照

アッシジからの風景
（イタリア）
第十二章310ページ参照

ミラノ空港での演奏（イタリア）
第十二章324ページ参照

サン・フランチェスコの像と
寝そべる（イタリア）
第十二章313ページ参照

はじめに

白い湯気がところどころに立ち上がっている。大地が生きている。地球という生き物の上を歩いている。歩かせていただいている。そんな気持ちの中でした。

突然、甘い香りが天からサー、スーッと降ってきました。声をあげた私に続き、みんなが歓喜の声を連呼……。

これは第五章での出来事です。ところはハワイのハワイ島。読者&リスナーの方々と、ペレに会いに行った時のこと。キラウエア火山帯の中での出来事でした。

瀬織津姫《セオリツヒメ》大神は、時空を選ばず私に、私たちに、存在と祝福を与えてくださいます。それぞれの次元に合った祝福です。地球を離れ、宇宙空間に飛び出しても変わらぬことと思います。

どうして私がここまで、このように瀬織津姫を信じている、信じきれるようになったのか。それは、瀬織津姫が私にそうさせたとしか言いようがありません。数えきれない奇跡の積み重ねによって、私を調律してきたということで説明がつくと思います。

『528Hzの真実』（ナチュラルスピリット刊）にも書きましたが、私はピアノ調律師でもあります。その技術を習得した時もそうでした。最初は聴こえやすい中音部から音を合わせることを学びます。

調律は絶対音感でするものではなく、うなりを聞いてそれを無くしてきれいにしたり、ワザとうなりを作ったりして合わせていくものなのですが、最初はまずそのうなりを聞くということから始め、そしてそれを聞きながら、消す、無くすことを習得します。中音部はうなりが聞こえやすく、私も同級生も難なくうなりを消し、きれいに合わせることができました。それを一週間ほどやります。次に一オクターブ上にずらして同じことをやります。すると、その途端にうなりが聞こえなくなり、困惑しました。それまでの聞こえる、調律ができるという自信がどこかへ飛んで行き、不安と自信喪失になってしまいました。

ところが、それを毎日朝から晩まで繰り返しやっていくと、また最初のオクターブの時のように聞こえるようになってきて、きれいに調律できるようになってくるのです。その一週間が過ぎると、またさらに上のオクターブへ。するとまた聞こえません……。

このようなことを、私は国立音楽大学のピアノ調律専修科に入学した春にやっておりました。これを何回も上下に繰り返し広げていき、年がら年中それを繰り返し、88鍵全部の音を調律・チューニングできるようになったのです。

今思うと、瀬織津姫と私との体験は、調律技術を身に付けた時と似ています。数十回の奇跡の体験ではまだブレます。大地にしっかりと大きく長い根を張り巡らせるまで、姫様は段階を経て、そう各次元をクリアするように私を根気強くチューニングしてきてくださいました。もちろんこれも今となってこのように書けることです。

前作の『瀬織津姫意識（上・下）』とこの『瀬織津姫次元』は、こうした意味でも繋がっています。まずは瀬織津姫意識になってこそ、瀬織津姫次元となれるのです。

姫を憶念するのが意識もせず当たり前となり、自分と姫は一つと解り、自分も神なのだとはっきりと言えるようになってきた私は（これを神人合一とも言うそうですね）、求めもせずにいろんなことが起こるようになってきました。まずは、勘が前よりも一層よくなったことです。このような書き方をすると大したことがないように感ずるかもしれませんが、いわゆる直感は必ず当たります。一般的に呼ばれる〝霊能者〟より当たるのではないでしょうか。それは当然とも言えます。なぜならば、私の思いは姫の思いなのです。ですから当たって当たり前です。それをどこまで普通に信じられるかです。神霊などに訊くということは、自分が神と同一であれば、必要がないと思いませんか？　逆に、必要でないことは思わないわけです。必要なことは、自然に頭に思い浮かびます。

このように書くと、とっても普通に感じると思います。そうです。いたって普通のことなのです。意識をして何かを探るといったこともなくなってきます。無意識の意識とでもいいましょうか。

また、身体が透けるようにもなりました。表紙や口絵の写真もそうです。ライブ中の私の身体が透けています。身体を通り抜けピアノや、カーテンの横棒が写っています。私だけカメラのピントが合わなかったり、二重になったりが当たり前となりました。

自身の身体から甘い神香が出てくるといったこと。それが読者やリスナーに伝染することまでは、これまでの瀬織津姫※シリーズに記してきましたが、それも含めて、私は自分からそういったことを望んだことはありません。そういった欲望もありません。これからもそういった奇跡的なことを維持したいといった気持ちもゼロです。

世の中には、そういったことがスピリチュアルだと勘違いし、それを望み、そうなる為のハウツー本も出ているようですが、そういったことはスピリチュアルリズムやサイキックと言います。スピリチュアルとスピリチュアルリズムは違います。

普通でいいのです。普通にしていて身体が透けた方がカッコいいでしょ?「エイッ」ってやり身体を浮かせるよりも、無意識で自然に浮いて歩いている人の方がステキではないですか？　私はいつも自然に浮いて歩いていますよ。まあ、これは夢の中での話ですが……。

このように瀬織津姫大神、宇宙の根源神は私を調律してくださったのです。それはイニシエーションしてくださったと感じているのです。

山水治夫

※瀬織津姫シリーズ

『瀬織津姫物語』『瀬織津姫秘話』『瀬織津姫愛歌』（以上評言社刊）。『瀬織津姫伝説』『瀬織津姫神話』『瀬織津姫愛舞《ダンス》』『瀬織津姫意識（上・下）』。シリーズ以外に『セオリツ姫・シ♭～姫のオクターブ～』『ニギハヤヒ・シ♭～命《ミコト》のオクターブ～』『５２８Hzの真実』がある。（以上ナチュラルスピリット刊）。文中引用時にはそれぞれ『物語』『秘話』『愛歌』『伝説』『神話』『愛舞』『意識』『姫・シ♭』『命・シ♭』『５２８』とさせていただきます。

〔本文中に私のことを、山水先生、と先生を付けて記している私以外の方の言葉がありますが、普段私は、先生ではありませんからと、みなさんに説明していることを、ここで断っておきます。〕

目次

プロローグ

今回のこの書には、人との繋がりと、そして〝無意識〟という言葉が多く出てくる。無論、それも無意識で書いていることなのだが……。

悟りへの道の路上で、意識をして行動をするということはある。それが必要な時期もあるということだ。身に付くまでは必要である。パワーストーンもそう。言霊《ことたま》を意識したり数霊《かずたま》、形霊《かたたま》を意識する。色霊《いろたま》もしかり。その訓練、修行がある程度身に付いたらステージも上がっていることであろう。それを繰り返している内に、意識をしなくともできている、口にしている、選んでいるといった自分に気がつく。私がよく記している憶念もそうだ。ここまできたらしめたもの。あとはサレンダーするといい。委《ゆだ》ねるのだ。自然と誘導してくださっているのも感じるだろう。感じるとまた感謝となる。意識せずとも手を合わせ、ありがとうございますの人となっているだろう。私はこれをスピリチュアル（霊性）と定義する。

またこの書にも、私の数字の2と11が面白いほど出てくる。最初はそうでなくとも、読み進める内に、みなさんも神の操作、遊戯を感じざるをえなくなることだろう。

私はこの瀬織津姫大神を、古代史、歴史上の誰それといった観点では見ていない。単に水の神として崇めているわけでもない。これまでの書でもそれを貫いている。日本の神道の、地球の神としてだけで捉えているわけでもない。これまでの書でもそれを貫いている。だから、「平安時代の人ではないですか?」と手紙を送ってくださる方は、私の書の表紙だけを見て、読まないで送っていると分かってしまう。人として降臨した姫は何人いてもいい。

私の興味・夢は、瀬織津姫と一つになった自分が、更にアセンション（次元上昇）していくこと(私なりに仏教で例えると、小乗が自然と大乗になるということに繋がる)。すると『神話』にも記したように、自然とさらに上の姫様と一つになる。次元となる。そして、自分自身が溶けてしまうくらいの、美しい旋律が降りてくれば……である。

素材。素材が良ければそのまま生で食べて美味しい。焼いても塩だけで充分。そう、メロディーが美しければ単旋律だけで空を飛べる。溶けて小さな宇宙と、無限大の宇宙と一つになれる。そのような単旋律が、無限に溢れ出る人になりたい。これが私の夢。これは神と一つ、同一ということなのだ。

ベートーヴェンは楽聖と称されるほど素晴らしかった（『命シ・♭』参照)。しかし、彼とて完成ではない。彼も目指す一点は同じ。

私の書、瀬織津姫シリーズは、時系列旅物語形式になっているが、すべての書に瀬織津姫＝宇宙の真理（神理）が溢れていることを感じ取っていただければ幸いである。

さあ、素の旅を始めよう。

第一章

人の輪、土地の輪

ご主人さん

「坊ちゃん」とくれば道後温泉の松山。その〝松山坊ちゃん空港〟に着いた。

今日は平成二十五年十一月八日。七月から開始していた『セオリツ姫・シ♭ツアー』を、瀬織津姫トーク&ライブでは初の、伊予は愛媛県で開催することになった。今回は、〝レ〟楊貴妃。

よく山陽、関西の会に足を運んでくださる宮谷さんが、主催をしてくださることになったのだ。姫様を広める一役を担いたいという心に感謝。

宮谷さんと初めてお会いしたのは、備後は広島県福山市でのトーク&ライブだった（主催・沼田さん）。その時にご主人さんも参加されていた。ご主人さんは私と同い年。宮谷さんは、前年の徳島トーク&ライブ（瀬織津姫講座初級編）に参加しようとされたのだが、その朝から降り続けた雪で、愛媛からの山越え道が通行止めになり断念された経緯があった。

「こんにちは！」

「お待ちしてました！」

宮谷さんの車でまず宮谷家へ。宮谷家にあるピアノの調律も頼まれたのだ。カワイのアップライトピアノがある。それをしっかりと調律し、翌日のトーク&ライブの打ち合せをした。九日のトーク&ライブも、ピアノのある〝レストランWAKUSEI〟を貸し切ってのものだったが、無事終了。四国では徳島に次いで二県目。徳島の主催者の一人、梶谷さんも来てくださっていた。

翌朝、宮谷さんの車がホテルにお出迎え。ご主人さんも同乗されている。夕方の離陸時刻まで、姫旅をサポートしてくださることになった。

愛媛県は四国で一番瀬織津姫を祀る神社が多い。瀬織津姫という本名での社の参拝はすでに達成しているので（『意識』参照）、別名で祀る神社を探し参拝するのが目的だった。なかなか少ない、姫を天照大神荒魂という別名の名で祀る、荒魂神社もよかった。そしてこれまた別名の、高龗神《タカオカミ》を祀る高縄神社（他祭神・大山祇神《オオヤマズミ》、鳴雷神《ナルイカヅチ》）を参拝した時だった。石段を上がり拝殿に向かっている時、甘い香りが降ってきた。私がそれを告げると、宮谷さんが「ほんとだ！」と。そして、「うん、するする！　甘い……」とご主人さんも目を見開く。ご主人さんは、私の書や奥さんから話を聞いていたものの、初体験だった。

宮谷さんのご主人は穏やかな方で、私も多少気が楽ではあったが、通常自分の妻が、神社の神様のことに興味を持つことには問題ないが、それを広めているどこの馬の骨とも分からぬ男にお熱を上げているような感じに見えると、誰しもが内心穏やかでないと思う。だから私も当然気を使う。もちろん、瀬織津姫という女神と私になのだが、私が余分だとも思われても仕方がないだろう。

しかし、地元のその女神を祀る神社へ私と行き、噂の甘い香り体験を実際にしてしまった……。

「これか……」

と、ご主人さんは実体験により、妻の真剣な言動をしっかりと理解できるようになられたのだ。その後もご主人さんは、東京である私の会に、奥さんとお子さんも連れて一緒に参加もしてくださるようになった。ありがたい。もちろんご主人さんが元々信心深い方だったこともあってと思う。


これはとても大切なこと。瀬織津姫がやろうとしている&やっていることの一つなのだ。それは何かと言うと、『人の輪（和）』だ。

私の会には、前書などにも記したが、いい人が集まると言われている（笑）。そこで出会った参加者さんたちが魂友《たまとも》になり、人生の深い繋がりを持つようになっているのだ。このことは、会をやるにつれてだんだんと感じてきていた。無意識でやっていることなのだが、私の役目にこの、人と人を繋げるということもあるようだ。

人を結び付けることだけではない。私が全国の姫の寺社を探し参拝する。そしてそれを書やネットで紹介する。それを全国の方が見て、自分も行ってみようと思い実際に足を運ぶ人が出てくる。これは、土地と土地を繋げていることにもなる。土地、寺社仏閣にも心がある。

私が、みなさんが無意識にしていること、それは瀬織津姫が意味あって誘導していることなのだ。だから私が宮谷さんのご主人さんと、ありがたくお付き合いさせていただくことも、とても大切な姫の意志。読者&リスナーの家庭が不和になっては元も子もない。人の輪。土地の輪。基本である。

ヘミシンクの符号

これらのことは後にSさんという、読者の中でヘミシンクをしている方の、姫からの伝言によっても明らかとなった。ガイド拝見というものがあるそうで、勝手に（笑）、私を見たといったメールが来たのだ。Sさんの言うには、私のガイドはもちろん姫とのこと。時系列的にはもっと後（十五ヵ月後）に送られてきたものだが、載せさせていただく。

お久しぶりです。ガイド拝見は頼まれてはいないのですが、思いついてやってみました。結果を報告させていただきますね。

ガイド拝見というのはヘミシンク関係でいうと、いわば人生の影の導き役といったところです。魂の守護も兼ねています。私のやり方はＦ《フォーカス》21という世界（あの世とこの世の狭間の世界といわれています）に本人に来ていただいて、ガイドさんを呼んでお話を伺う、という流れになっています。ガイドさんが了承した情報を教えてくれます。

Ｆ21の世界にて山水さんに来ていただいて、最初に「あなたのガイド拝見させていただきたいのですが？」と念のため意思を確認しますと「ああ、構いませんよ」とのことでしたので見させていただきました。

ガイドとして現れたのは前回と同じで瀬織津姫で、場所は滋賀県の琵琶湖を俯瞰する形で上空で話してました。

姫・『私は他の所も好きだけど、私はこの地が好きなの。』

私・「琵琶湖があるから、ですか？」

姫・『それもあるけれど、自然が適度にあるからよ。人間も忘れているかもしれないけど自然そのものよ。覚えておきなさいね。琵琶湖には、竹生島があるけれど、あそこには弁天ちゃんがいるわね。私はそこにではなく、もう一つの厳島神社にいてるわ。良かったらまたいらっしゃいな。

では、始めるわね。

人との縁を大切にしてくださいな。今年は去りゆく人もいるけれど、ついて行く人の方が多いから安心すると良いわね。人との縁のなかで新たな発見もあるし、そこから新たに行くことになる場所も出てくるでしょう。もちろん、私からも導いて行くから楽しみにね。たくさんの旅を楽しみましょうね。

今年は外国にも、今まで行かなかった所にも行くことになるわね。これは必然よ。今年はより一層あちこち回ることになるわ。どうしてそれが必要か？ということね。

それはね、彼が神社仏閣他を訪れることでまず土地同士の縁を繋ぎ、そのことによっていずれ導かれるべき人間もその土地に繋がれて導いて行かれる。結果的に彼の元に集まることになるわね。

これは重要な役割なのよ。私に縁のあるものが重要な土地を訪れることによってお互いに縁を繋いでいく。他の人も同じね。縁を繋ぐことは道を繋ぐことなのよ。土地同士、人間同士、それぞれ見えない手でお互い握り合っていると思ってくれればいいわね。

これからは彼により活躍してもらうことになるから楽しみにね。あまり話すと面白くないから最後に一つだけ。

そう遠くない未来に「新たなプロジェクト」が始まるわ。これは彼だけでなく皆を巻き込んでいくことになるわね。どういう形になるか。それは秘密よ。話しちゃうと面白くないじゃない？　私から話せるのはこれくらいね。何でもない話しになってしまったけれど二つばかりネタを投入したということで許して頂戴ね。

さて、やまみず。これからデートに出かけるわよ♪』

ということで嬉々として二人して去って行かれたのでした。

この方はヘミシンクを始めてまだ浅いとのこと。『神話』にも記したが姫もいろんな次元におられる。この姫の言葉使いや関西弁※など、思わず微笑んでしまうところもあるが、私が最近感じていたことと符合するので載せさせていただいた。またSさんは、私のピアノを聞くとフォーカス27を通り越し、35あたりまでぶっ飛び、意識が宇宙あたりまでいきそうになるとのこと。訳分かりましぇん（笑）。

十一日、『セオリツ※姫・シ♭〜姫のオクターブ〜（姫辞典）』がナチュラルスピリット社より出版された。セオリツ姫・シ♭ツアー。オクターブは十三音あるので、全国十三の会場でやることになる。

続く〃レ♯〃は三十日、釧路だった。釧路は同市会場では最多のところ。これも人と土地との繋がりでなった結果。レ♯は韓国の女神のセオニョ。主催は堀田、山道姉妹と釧路から関東に引っ越しされたミカさん。

この日はコラボでもあった。原野優《まさる》さんという、これまでの釧路の会に参加くださっていた方で、アルという名の宇宙の法則のバランスをとる存在から、情報を紹介する男性だ。原野さんは大変真面目で低姿勢な方。その人柄にはいつも頭が下がる。その彼の口から迸《ほとばし》る言葉、話は時には厳しくもあり優しい。ぜひみなさんもセミナーを受けられることをお薦めする。

懇親会は、この日のテーマの女神が韓国のセオニョだったこともあり、主催者側で選んでくださった韓国料理の居酒屋、その名も〝ましそ〟。美味しいという意味のハングルだ。そこで私はハマってしまった。元々韓国好きな私だ（『伝説』『神話』『愛舞』参照）。

原野優さんと著者
（北海道・釧路）

十二月八日。この日もうれしかった。スタンウェイの松尾と言うと、音楽家なら知らない者はいないと言って過言でない松尾楽器。もう自由化になって久しいが、ニューヨーク＆ハンブルグのピアノの名器、スタンウェイの輸入を独占してやっていた楽器店だ。その関西支店が兵庫県西宮、阪急西宮北口駅からすぐの便利なところにある。もちろん松尾楽器には、私の先輩後輩も調律師として働いている。

そこでデコポン高田さんが、この十一月一日にスターシア・レコードからの初メジャーCD、『For Maria Magdalene ～マグダラのマリアに捧ぐ～』をリリースしたお祝いの会をしたい。コンサートをやってほしい！　と言ってくださったのだ。謹んでお受けした。

私の緊張を解《ほぐ》すかのように、高田さんはシスターの出で立ちで挨拶をしてくださった。似合っている！　彼女は自ら神香を発する人となっているが、香りのみならず、私の着ぐるみも伝染している！（笑）

この日も何人もの初山水の方がいてうれしかった。懇親会も、鳥専門店の美味しいお店で且つ、銀河高原ビールを用意してくださっていた。ありがたい祝福の日だった。

主催の高田さん（兵庫県）

※関西弁

私は姫の話し言葉を聞いたことがない（多分）。肉体を持った瀬織津姫は何人もいたと思うが、その生まれ育った地域により、話す方言も違っていたことであろう。関西弁の時もあったことと思う。

※『セオリツ姫・シ♭～姫のオクターブ～（姫辞典）』
ドレミのオクターブの十三音と、瀬織津姫の分霊をリンクさせた書。倍音にも深く関係する。

元祖・大祓祝詞

翌日、私はレンタカーで大和は奈良へ姫旅をした。御所《ごせ》市にある高鴨神社へ向かう。壱岐島の占部さんが以前、宮司さんに紹介をしてくださっていたからだ（『意識』参照）。この神社の境内に祓戸神社がある。それは間違いなく、全国で唯一の祓戸四神の祭神であろう。

大直日神《オオナオヒ》
神直日神《カミナオヒ》
伊豆能売神《イズノメ》
底津綿津見神《ソコツワタツミ》

高鴨神社の祓戸神社由緒書き（奈良県）

驚※く祓戸四神だった。大直日神、神直日神、伊豆能売神は瀬織津姫の別名である。底津綿津見神は、伊邪那岐《イザナギ》が、黄泉の国より帰ってきて、禊をした際に生まれた底津綿津見、中津綿津見、上津綿津見の一柱。これらの神も瀬織津姫と同神かと問われれば、私はそうですと答える。その名がこうしてこの四柱の中にあり、うれしい。特に伊豆能売神は、私の書でもこれまで一～二度しか登場していない。

社務所内で宮司さんとお話することができた。そこでも、知ってはいたが貴重な話を聞くことができた。もちろん、瀬織津姫に関することなので記す。

大祓祝詞に瀬織津姫が登場するので、本書を読んでくださっている方々も、この祝詞をご存じの方は多いと思う。しかし、元祖大祓祝詞というものがあるのだ。それは一般のものより長い。そして内容がかなり違う。私から言わせればモーゼの十戒そのものだ。その祝詞が伝わっている神社なのだ。

宮司さん曰く、現代は大祓祝詞は唱えるもの、人の前でも唱えるものとなっているが、元々、人前で唱えてはならないものと言われていたのですと。私も大元の大祓祝詞を知った時に、そのように聞いたものだ。だから、ここでは書かない。

そしてここは、賀茂氏が元々いたところ。ここから京都などへ分散したといわれる。

十四日。〝ミ〟の木花咲耶姫《コノハナサクヤヒメ》。会場は、ご当地と言っても過言ではない静岡県（伊豆、駿河、遠江の国）で。それも私にとってとても縁深い浜松市での開催となった。静岡県は政令指定都市を二つも抱える県だ。そう、静岡市のみならず浜松市も政令指定都市になっている。ヤマハ、カワイを抱える世界一の楽器の街である（餃子も）。

みなさんご存じだろうか。世界で一番たくさんあるピアノはヤマハなのだ。そして二番は？　そうカワイ。ピアノというものは、本来ひとつひとつ職人の手で作っていくものだ。ヤマハ、カワイはそれを機械化し、ベルトコンベアー式に製造するシステムを作ってしまった。当然、ヨーロッパの名器には敵わない。しかし、いい点もあるのだ。機械化製造をすることによって当たり外れを少なくし、且つ売価を安くし広めることができたのだ。音楽の基本の高級な楽器を、大衆に普及したのも大変な功績といえる。もちろん両社も高級機種はできるだけ手作りで作っており、かなりヨーロッパの名器に近づいている。日本の技術は素晴らしい。

さて、主催は岡本さん。ご主人さんもとても献身的にサポートしてくださった。感謝。ご主人さんは中国にも詳しい方だったのだが、とてもうれしい話を聞いた。

「山水さんのニックネームのヤンズって、中国でとってもいい言葉なんですよ」

「えっ？　そうですか？」

「ええ。揚子江って知っているでしょ？　あれ、中国語ではヤンズジャンって言うんです。揚がヤン、子がズ、江がジャンです。揚子江って中国では、水運、水上交通、生活に不可欠でとても大切なものですので。ちなみに、もうひとつの木偏の楊の字のヤンですが、ヤンズさんの本やCDにもある、『楊貴妃』は『ヤングィフィ』と発音します。楊がヤン、貴がグィ、妃がフィです」

「ヤンズジャン……、ヤングィフィ……」

いつか中国へ行くことがあったら、楊貴妃の所縁の地はもちろん、揚子江も見てみたいものだ。水運などは、日本では水神を祀る。


翌日、岡本さんのご主人さんの運転で、周智郡森町にある天宮神社へ参拝しに行った。天宮神社は素晴らしかった。氣がいい。裏にある、くちなし池に池畔《ちはん》社があり、姫の別名である水波能売《ミズハノメ》神が祀ってあった。うれしかった。その後、昨日参加してくださった片山さん（藤枝市で竹炭製造）の知人で、やはり参加くださった青山廣さん宅へ寄った。青山さんはとてもユニークな方。フキの研究家でもあり、フキの飴やフリカケを製造販売される。氏曰く、フキには解毒作用もありとても健康にいい。そして、ただフキを食べればいいものではない。理想は、その人が住むその家に生えるフキを食べるといいとのこと。フキは人にだけではなく、もちろんその家の地面、庭の浄化をしてくれているという。浄め、浄化の植物だという、姫の化身か？　山菜の定番だが、このようなことを初めて聞き勉強になった。

あと一週間ちょっとで今年も終わるという二十二日。武蔵は東京代官山のサロン・ドゥ・コロナにて、〝ファ〟の罔象女神《ミズハノメ》を開催。いつも主催者の方以外に、いろんな方がスタッフとして手伝ってくださる。本当に感謝。写真はおどけた私と、この日のスタッフの方々。

スタッフのみなさん（東京都）

今回、二回目となるが、『愛舞』、ＣＤアルバム『三次元のロマン』の表紙絵の、太田昌江画伯にゲスト出演していただいた。再びアンドロメダでの記憶など語っていただいた。

罔象女神は、もうかなりの方に知っていただけたと思うが、瀬織津姫の別名の中で一番多い。全国の水神社、水分《みくまり》神社の約九割はこの神名である。『姫・シ♭』にも、「水だが空気的なものを感じる」と書いた女神だ。

※驚く祓戸四神
通常は、瀬織津姫、速秋津姫、息吹戸主、速佐須良姫の四柱。

十一面観音の梵字

平成二十六年になり一月五日。最初の会は新潟県十日町からシ♭ツアー開始。もうありがたいことに十日町で三回目となる。主催の岩田さんには頭が下がる。示し合わせたように、〝ソ〟奴奈川姫《ヌナガワヒメ》となった。この翡翠の姫にもお世話になっている。

この日の一番の思い出は、書道家のTさん（本人が匿名希望）が、私の歌、『奴奈川姫《ヌナガワヒメ》』（アルバム『命～ミコト～』収録）の歌詞を大きな用紙に書いて持参してくださったことだった。それも、『伝説』に記したように、最初、目覚めた時にすぐ降りてきた歌詞と、しばらくしてメロディーが降りてきた時に手直しした歌詞と両方を。対比もできてうれしかった。またTさんは、竹の筆で和紙に書いた、十一面観音（＝瀬織津姫）の梵字のカードを、

十一面観音の梵字（新潟県）

参加者みなさんにプレゼントしてくださった。

新潟は日本一の米どころで酒が美味しい。この日の懇親会のこと。ここ十日町は松之井酒造の〝英保《えいほ》〟という酒が出た。びっくりした。このような美味しい日本酒は生まれて初めて飲んだ。日本酒とはこんなに美味なるものだったのか……。もちろん、どんな酒にもきれいな水が基本。


十八日には、この書を出版してくださっているナチュラルスピリット社主催のワークショップ、~CD『For Maria Magdalene』&書『セオリツ姫・シ♭』発売記念トーク&ライブ~が行われた。ゲストに東京藝大邦楽科大学院生（当時）の娘、山水美樹が箏曲で出演した。『命 ~ミコト~』収録の箏曲での『瀬織津姫』をはじめ、数曲披露した。

この日は事前に『For Maria Magdalene』の十五曲の中の人気投票を行い、順位発表を兼ねてのコンサートで、十五位から演奏することにした。どの曲にも投票がある激戦で、特に最後のベスト5は、票差もほとんどなかった。結果、『奴奈川姫』が一位だった。

またこの日の懇親会でも、ユリの甘い香りがところどころ降り注がれ、驚き感動された方がいた。

剣の奇跡

シ♭ツアーは続く。南に飛んだ。二月十五日に薩摩、大隅は鹿児島県で、初のトーク&ライブを、〝ゾ♯〟伊邪那美ですることになった。よくコラボをしている竜神レイキの川島伸介さん（以降、伸ちゃん）と、初の鹿児島UFOさんと三人のコラボでやらせていただくこととなった。

一日前のバレンタインデーに鹿児島に着陸。同じ飛行機に、関東で私と伸ちゃんのコラボをよく主催してくださる相澤さんが同乗していた。遠路遥々参加してくださることになったのだ。ありがたい。この前日に伸ちゃんが、「桜島に滞在するので、ヤンズさんも一日早く来られませんか？」と誘ってくださったのだった。過去、有線放送局の挨拶回りと、姫旅で二度鹿児島には来ていたが、桜島へは渡っていなかったので喜んで返事した。

相澤さんと空港からバスに乗り、昼過ぎに港の近くまで着いた。お腹が減っている。バス停を降りた二人の目の前にたなびくものがあった。それは私たちを笑わせた。たこ焼きの旗だった。この頃すでに私は、伸ちゃんとデュエットして将来のアルバムに入れる『たこ焼きソング』を予告していたので、川島&山水ファンにはそのタイトルが行き渡っていたのである。フェリー出航時刻にはまだ時間があるので当然店に入った。味だが、タコも小さくネギも入ってないもので、日光の手前（今市）だったが、笑いを食べられたので満足満腹。

桜島上陸。煙を吐いているのが見える。伸ちゃんが関係者の車で迎えに来てくれた。そして運転していた方が、すかさずチョコを……。うわ～……、ピアノの鍵盤の写真の箱に入ったものだった。うれしい。

ホテルに向かう前にもちろん神社参拝。まずは月読神社。朱色でなかなかの社だった。それから姫宮神社を探した。あった。海岸線沿いの道路を北上すると道路の右下に見えた。さあ参拝。参道の地面が黒い……。そうか……桜島は土が火山灰なのだ……。初桜島でこれにはかなり驚いた。今回は回らなかったが、過去の大噴火で、鳥居が埋まった神社など、まだまだ参拝したいところがある桜島だ。この姫宮神社の祭神は分からないが、野尻町の姫宮神社は、薩摩一之宮の枚聞《ひらきき》神社の御女子神《ミコノカミ》となっているので同様であろう。しかしよくよく調べてみると、枚聞神社の祭神は、大日霎貴神《オオヒルメノムチ》となっている。天照大神であると。面白い。やはり九州では、天照大神は女神という風に、かなり固まっている。これだから天照大神は一筋縄ではいかない。面白いのだ。

翌日、午後からのコラボ会場へ向かうためにホテルをチェックアウトした。玄関の前に鉢に植えた大きな桜島大根があった。初めて実物を見た私は、しゃがんで見たり触ったりしていた。するとホテルマンが教えてくれた。

「この大根は、こういった形の特別な品種のものではないんですよ。まったく一般の大根と同じ種なんですが、この土である火山灰のなんらかの影響で、巨大でこのような形になるんですよ」

「えっ?! 本当ですか！」

「はい。よく桜島に住んでいて噴火もあったり、火山灰が降ってきたりして大変ですねって言われますけど、こうして結構恩恵も受けているんですよ。だから住人はこの島を離れないんです」

帰京してから大根のことを知人に話してみたが、誰も知らなかった。意外と知られてないことなのだろう。勉強になった。

さて、コラボ開始。スタートは伸ちゃんから。もちろんレイキの話だが、さすがに話の運びがうまい。参加者の心を自然に掴んでいる。

途中、事情があり遅れてきた鹿児島UFOさんが到着。笑った。みんな笑っている。いつもの被り物のスタイルで登場されたからだが、今日は、昔の武士というか藩士が着るような上等な着物だった。そしてカウボウイハット＆サングラスで顔を隠している。実は私はみんなとは違った笑いを心に秘めていた。二つの意味で笑ったのだった。これは奇跡ともいえるほどのもの。それは後ほど。

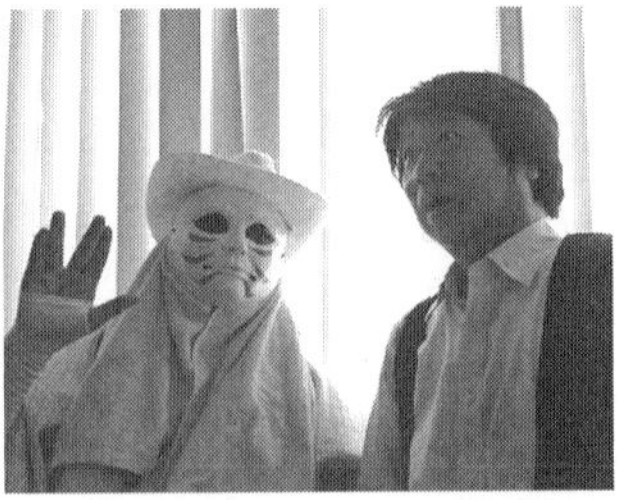
鹿児島 UFO さんと著者（鹿児島県）

伸ちゃんのトークが終わり、次に鹿児島UFOさん。ステージに現れたUFOさんは、サングラスの代わりにお面を被っている。奇妙なお面！（笑）。お面で声がよく聞き取れないが、それがまたウケている。

最後に初鹿児島の私。まずはピアノから始めた。CD『For Maria Magdalene』から『愛しくて切なくて』を弾いた。弾き終わり、ピアノの椅子から立ち前に出て、挨拶と瀬織津姫の分霊〝ゾ＃〟伊邪那美の話を始めている時だった。

ファ〜

カサブランカの甘い香りが降ってきた。前の方に座っていた方たちも分かり、驚きの声を上げた。ありがたいものだ。初鹿児島で緊張している私を励ましてくれているのか……。はたまた鹿児島の方々に祝福か……。どちらもあるのだろう。

この日、会場にオーストラリアのアボリジニの楽器、ディジュリドゥを持ってきている方がいたので急遽前に出てもらい、『For Maria Magdalene』収録の『楊貴妃』でコラボ即興演奏した。やっぱり音楽っていい♪

最後に三人そろってのトークになったのだが、ここで私は裏の着替え室に行き、究極の被りものを……。

38ページの写真がそうだ。久しぶりにボウリングピンマンに変身して登場したのだ。かなり驚かれ&ウケた。してやったりとはこのこと（笑）。

そして袋から取り出したものがあった。

「UFOさん。実は、一ヵ月前ほどになりますが、初めて会うUFOさんにプレゼントをと思い、用意していたものがあるんです。今日、UFOさんが入ってこられた時、服装を見て驚いたんですが、これです！」

「ええ！……」

さすがのUFOさんも驚きを隠せない。サングラス越しでも分かる。洋品店に入った時、幼児用のオモチャコーナーもあり、そこでプラスチックの剣とシュリケンが入ったものを見

川島さん、著者、鹿児島UFOさん、中山さん（鹿児島県）

た瞬間、（UFOさんに……）と閃いたのだ。私は閃いたことには逆らわない。即、レジへ持っていったのだった。

「今日の服装にピッタシでしょう。だから今日、UFOさんが入ってきた時、僕がどれだけ驚いたか……」

「いや～……これはすごいね……。この服は昨夜送られてきたものなんですよ……」

私の被りものはいいとして（笑）、今一度写真を見ていただこう。UFOさんの右手に持っているのがシュリケンで、左の腰に剣を刺しているのが分かるであろう。向かって左端が伸ちゃん。そして右端に写っているのが中山康直さん。この日、近くに来ていたとのことで急遽寄ってくれたのだ。

こうして、楽しきもありカサブランカの香りの祝福もあり～の初鹿児島を終え、このあとに、懇親会へと突入したのであった。二次会のカラオケも盛り上がり、最後の最後には、いつも笑顔の柳田剛ちゃんと、鹿児島西に浮かぶ甑島《こしき》在住のカンタさんと三人でラーメンを食べた。甑島はUFOもよく現れるし、古代の遺跡類がたくさん残っているという。いつか行きたいものだ。ホテルで消灯したのは三時半だった。ちなみに甑島は、平成二十七年三月十七日に、全国で五十七ヵ所目の国定公園となった。

屋久島物語

翌朝、二時間ほどしか寝られなかったが、目覚ましに起こされ即チェックアウト。港へと歩いた。八時台のフェリーに乗り屋久島へ行くのだ。初の屋久島。何年も前から行きたかった島だった。

この島へ実際に行くことになったことまでの物語。

平成二十三年十二月。この月に私は読者&リスナーの方々と、初の瀬織津姫海外聖地ツアーを行った。マグダラのマリアの聖地とルルドへと行ったのだった。詳しくは『神話』を参照していただくとして、その帰国直後に、武蔵は埼玉県さいたま市浦和にあるパルコで、アルクさんという方とコラボをした。その時に、屋久島の自適さんという方が来てくださったのだ。自適さんはブログで、瀬織津姫のことや私のことをたまに書いてくださっていたので知っていた。その自適さんとお会いでき喜んだものだ。

鹿児島まで行くので、この機会に屋久島へと思い、自適さんに連絡したのだが、もう屋久島を出て九州本土に住んでいたのだった。しかし、二人の知人を紹介してくださり、その二方に、四泊五日の旅の半分ずつお世話になることとなった。

島の北東にある宮之浦港に着くと、日焼けした小林さんが迎えにきてくださった。さすがに屋久島の人は日焼けしていると思ったら、神奈川県から移り住んだという。屋久島は結構移住者が多いそうだ。小林さんは屋久島の女性と結婚して住み着いた方。まずはご自宅へと向かった。

「今日はいい天気ですね。屋久島は雨が多いですから、珍しいですよ。明日から予報は毎日雨ですからね」

小林さんと磐座（鹿児島県）

「そうらしいですね。雨の島でもあると聞いたことがあります。水が豊富でもあるんですね」

と話していたら、家に着いたようだ。

「山水さん、庭に大きな岩があるんですよ」

「えっ?!　これ、磐座《いわくら》じゃないですか！　すっごい……」

「この土地に家を建てようと思い、整地していたら出てきて、壊そうにも大きすぎるので、そのまま置いておこうと思ったんですよ。というか、こうするしかできなかったわけですけどね。ワハハ！」

「いや〜、こんな家に泊めていただけるなんて、ありがとうございます！　ではまず一宿一飯の恩義で、ピアノ調律をさせてください」

と、グランドピアノの調律をし、翌朝から観光をさせていただくことにした。私は調律が終わってから夕飯の時間になるまでピアノの練習をした。というのは、四日後の二十日に、大阪で私の『バースデイトーク&ライブ　セオリツ姫・シ♭ツアー〝ゾ♯〟天照大神』があるので練習したかったのだ。夕食は奥さんのおもてなし料理に感動。


翌日はお仕事のある竜也さんの代わりに、奥さんが車で屋久島案内をしてくださった。

「午後から雨降るようですからなるべく早く出ましょう。そうそう、山水さんは、水の神さまの瀬織津姫様の研究をされていると聞いていますが、この島でもあるのですか？」

「ああ、研究はしてなくて、ただ好きで全国の瀬織津姫の神社を回っているだけなんです。一応去年の十月に、全国すべての〝せおりつひめ〟という本名で祀られる神社は達成したんですがね。もちろんこれからも出てくるでしょうし、それを期待してます。屋久島には基本的には祀る神社はないんですけど、森と水の島ですからね〜、島自体が神ですからね〜、どこでもいいといえばいいいんですが、水に関係するところを回ればありがたいです。神社も

民宿の看板と著者（鹿児島県）

水関連の神さまを祀っているいない関係なしに、いろいろ参拝できればうれしいです」

「分りました。では、はるおへ行きます」

「はいっ？」

「ああ、山水さんは、はるおさんでしたね！　ここの方言で、原と書いてはるおと言うのです」

ところ変わればいろいろだ。途中で民宿山水の看板もあったりと、なかなか笑わせてもくれる島。まず赤い鳥居の益救《やく》神社を参拝した。

「これからは滝を回ります」

まずは千尋《せんぴろ》の滝へ。屋久島の顔と言っても過言ではないであろう。やはり雄大だった。この花崗岩の滑らかな一枚岩は凄い。美しい。実際に見るとやはり違う。そして、屋久島で一番大きい大川《おおこ》の滝、大川湧水、竜神の滝、海に直接流れ落ちるトローキの滝、山河湧水の出ている山河《やまんこ》公園。大川湧水も山河湧水も日本名水百選に入っている。山河公園の桜は二月なのにもう咲いていていた。

お昼になり一旦、小林家に戻りお昼ご飯となった。奥さんは午後からお仕事で、時間内に精一杯案内してくださった。本当に感謝。この時に、この家に来ることになっている人がいた。小林さんも初めて会う方で、自適さんから紹介されていたもう一方の方。さとみさんというシンギングリンの演奏をしている人だった。彼女も元々関東の方とか。

「こんにちは〜！」

と、戻ってこられたご主人さんと四人で食事をした。もう一泊小林家でお世話になるが、夕方まではさとみさんにバトンタッチ。さとみさんはこの島に来てまだ数年なのだが、島のこともお店も詳しいし、知人も多く頼もしい方だった。

翌朝、小雨が降っている。さとみさんが迎えにきてくださった。ご主人さんと奥さんにお礼と再会を約束し、お別れした。お土産に〝たんかん〟というこの島特産の甘いミカンをくださった。

屋久島は島全体が一定の天気となるのは難しいようで、こちらは晴れでもあちらは雨といったことが日常茶飯事とのこと。だから今晴れていると思っても、それから向かう地では朝から雨ということも珍しくないらしい。何しろ日本一の雨量の地なのだ。水の覆われる島。瀬織津姫に覆われる……。実は私はある時から雨の日がそんなに嫌ではなくなったのだ。無意識でもこの訳があったのか……。

彼女の車がまず向かったところは、いい香りのするところだった。甘い香りではない。私にたまに来る香り、そう木の香り。屋久杉でいろんな作品を作っている方の工房だった。そこから杉のきれっぱしをいただいた。何ともいえない杉の香りがプ～ンと……。トーク&ライブの抽選会でたまに出している。

それからいろいろ神社を回り、昼飯を食べまた神社へ。

「自適さんから聞いていませんでしたか？　北の八筈嶽《やはずだけ》神社のこと」

「ああ、はい、確かにその名を言われてましたね～。お願いします」

島を東から左回りで一周する予定。八筈嶽神社に着いた時には、かなりの雨。風も強い。

北の突端に着いた。車止めから傘をさし海岸沿いに下りて行く。海を見ながら岸壁の下の社へ着いた。洞窟の中に祠がある。祭神は、應神天皇、神功皇后、仲哀天皇、帯中津日子命、気長帯姫命の五柱。この洞窟に入ったネズミを追いかけて入っていったネコが、隣の種子島で発見されたという伝説もあるという……。

八筈嶽神社の洞窟（鹿児島県）

ピラミッド状の岩（鹿児島県）

左回りのドライブは続く。島の西側に差し掛かった時か、ウミガメの産卵地の一つである、〃永田いなか浜〃で車を止め、砂浜を眺めた。うん。和《のどか》だ。ここ以外にも産卵地が何か所かあるらしい。島の西側を北から南下し始めたところだったと思う。

「山水さん、あの島を見てください！」

「？　ウワ〜、スゴイですね〜。ピラミッドですね〜」

太古の昔、何かの目印のために作られたものか、それとも自然の芸術か……。それから更に走ると、道が細くなってきて、上り道になってきた。

「西部林道に入りますよ」

しばらく走った。そして急に止まった。

「ほら、この辺から見えますけど、あそこの海からず〜っとこの上の山まで、南国の自然から北海道までの自然があると言われています」

「ほう……なるほど〜。屋久島は地理的には南国だけど、山（宮之浦岳）は二千メートル級で雪は降るし、そう考えるとすごい島ですね」

この島は温帯から亜寒帯に及ぶいろんな植物がある。もう感動の連続だった。屋久島はユネスコの世界遺産だ。

例の原《はるお》地区になり、さとみさんが、今日から二泊する〝民宿海中温泉荘〟に荷物を置いて、文字通りの海中温泉にでも入ったらどうですかと言う。ちょうど雨も小雨だしと。実はこの民宿、事情があってこの期間は休業だったのだ。それを、

海中温泉にて（鹿児島県）

さとみさんがお願いして、私だけの為に特別に開けてくださったのだった。

二時間ほどしたら夕食に出かけるために迎えにきてくれるという。ではと、まだ二月で寒いけどな〜と思いながらも覚悟を決め、準備をして数百メートル先の温泉のある海岸まで歩いた。数名先客がいた。靴を脱ぐところから裸足でまた歩き、囲いもあるかないかのようなところで裸になった。そして数個ある窪みの湯に入る。

「アア……」

つい声が出てしまう……。これだけは年寄りじみていると言われようが構わない。

夕食のお迎えが来た。地元の魚の美味しい居酒屋に連れていってくださった。私だけ飲むのは申し訳なかったが、驚くほど美味しい魚の刺身を堪能した。またあの居酒屋へあの刺身

を食べに行きたい。

森の精

翌日、十八日。午前八時半にお迎え。今日は山へ入る。杉を見る。森に入る。かの有名な縄文杉へは、季節柄まだ雪が残っていて、途中から通行止めになっているので今回は行こうと思っても行けない。私はここ数年右膝を痛めていて、長時間坂道や石段を上がると痛みが走ってしまうので、最初から行かないつもりだった。

自適さんからは、

「山水さん、ぜひ花之江河《はなのえごう》へ行ってくださいよ。あそこは瀬織津姫がいますよ。まだ寒いけど寝袋でも持って山小屋で泊まればいいですよ」

と言われていた。それを小林さんやさとみさんに言うと、凍死してしまうから無理ですと（笑）。いつか暖かい時期に来られたらにしよう。

雨の中、白谷雲水峡に向かう。道が上りの連続になり霧が出てきた。かなりの海抜になっているだろう。ここは『もののけ姫』の森のモデルになったという。その白谷雲水峡にある樹齢三千年といわれる弥生杉へ行くとのこと。

白谷雲水峡は楽しみにしていた。そこはまさしく屋久島と言えるところで、本当に木霊《こだま》が出そうなところだという。駐車場に着き、雨合羽と傘で歩き始めた。雨もかなり降っているし、他のところも回りたいので、短めのコースにしてくださった。

いろんな木がある、氣がある。今まさに、屋久島へ来ているんだという気持ちになって歩いていた。弥生杉はそれなりに感動したが、同じく三千年といわれる熊野の玉置神社の大杉の方が立派だと思った。いや、またやってしまった……。この弥生杉さんに申し訳ない……。

私はそれよりも、その森全体、森の中に心を奪われていた。雨が降っていたのがなおさら良かったかもしれない。鬱蒼という言葉が一番合った時空だった（口絵2右上）。森の氣、精が溢れている……。その時だった。私の中に、あるものが芽を出した。

（うんうん、来る来る、そうそう、来い来い、来……た……）

そしてできたのが、後にリリースする四枚目のオリジナルアルバム『やまみずはるお』に『たこ焼きソング』とともに収録した、『森の精《こ》』という歌だった。このインスピレーションだけの為に、屋久島へ来たかいがあったと言っても過言ではない。

その後、ヤクスギランドへ行き紀元杉も見てきた。雨に濡れ身体も冷えたので、近くの楠川温泉に入った。この日も海中温泉荘宿泊の予定だったが、オーナーがやはりどうしても出かけなくてはならなくなったという。で、小林宅に連絡し、また夕食&一泊させていただくことになってしまった。感謝×無限大。

翌朝、二十日になっていた。またもや十七歳の誕生日を迎えてしまった。自分で決めた年齢より年を取らないのだ。我ながら便利な宇宙人。

今日は平日ながら午後六時半より大阪での会がある。移動は飛行機で大阪空港まで飛ぶ。プロペラ機だ。朝食をいただき、さとみさんが迎えに来てくださるまで、またピアノの練習をさせていただいた。ご主人さんと奥さんに二度目のお別れの挨拶をし、さとみさんの車で連れていかれたところは、海に近いお家。そこはスタジオAと言い、ライブのできる家だった。ここのオーナーも神奈川県からの移住者とのこと。ライブもできる広い部屋からベランダ越しに眺める海は素晴らしかった。いつかここでやりたいものだ。

屋久島は移住者対策をとっているので、都会人も移住しやすいのだろう。しかし、それ以上に、この自然に魅せられて離れられなくなってしまうのだろうな～。解るよ。ここのオーナーはミュージシャンでもあり、ドラムセット、グランドピアノもあった。私はなんて運がいいのだろうか。この屋久島でも数台しかないと言われるグランドピアノなのに（ピアノそのものが少ない）、紹介してもらった二方の縁で、こうして短期間の滞在中に、二台ものグランドピアノを弾いているという現実。これが、〝引き寄せ〟っていうやつだな。まあ自慢ではないので勘違いしないでいただきたいが、私はそういったことはいっさい意識しない。無意識の引き寄せ。だからなおさら感謝するのだ。できるのだ。神に。瀬織津姫大神様に……。

さとみさんに感謝のお別れをし、プロペラ機に乗った。そんなに揺れることもなく無事大阪に着陸。もちろん、この二十日のトーク&ライブの前に屋久島へ来ようと思ったのも、この便があったからだ。結構便利だぜ！　屋久島♪

『バースデイトーク&ライブ　セオリツ姫・シ♭ツアー　〝ゾ♯〟天照大神』は、主催がミラクルの会ということで、発起人のミカリンさんと何人もの協力で開催してくださった。私の誕生日でもあるので、仮装大会のごとくお祭りになったが、楽しく、瀬織津姫の話と音楽でみなさんと時を過ごした。人の輪を感じた夜だった。

そして、私は無意識でもこのトーク&ライブで、昼までいた屋久島のことを話す。それは屋久島と大阪という土地をも繋げているのだ。それは何故か。それは、その話を聞いた人が、屋久島を空想する。自分もそこにいるような錯覚を持ち聞く。そして自分もいつか屋久島へ行ってみたいと思う。この思い、想いが繋がるということなのだ。意識、想いのエネルギーは強い。そして実際に足を運ぶ人も出てくる。

第二章

528Hz

自適さん

三月になり二十一日、春分の日。３２１だが、久しぶりに三人でのコラボが開催されることになった。クリスタルボウルのたんたんさんと、麻の中山康直さんの三人。主催は、私が師匠と呼んでいる中島さん。中島さんは博多の西南学院大学を出ておられる。チューリップの財津和夫さんの母校だ。そして彼女は落研に所属していて、〝西遊亭ひいらぎ〟という芸名を持っていたとのこと。それを聞いた瞬間、私は弟子になると決めた。私は西遊亭ひからび。

自適さんと著者（福岡県）

博多に前日入りした私は、自適さんに会いに行った。三年ぶりの再会。屋久島での旅のお礼と報告と瀬織津姫の話。炬燵《こたつ》に入って話した。夕飯時になり、日本酒で乾杯。家庭菜園の野菜やキノコで天ぷらを作ってくださった。それがまた美味しい……。舌鼓を打った。〆は蕎麦。これがまた旨い。

自適さんの歴史は自適さんのブログを見ていただくとするが、自適さんは表に出ないという役割の人。解かりやすく書くと、仙人みたいな人。それを自覚し静かに生活をしておられるのだ。

人それぞれの役割、道がある。

そろそろホテルにチェックインしなきゃならない時刻となった。お別れの時、一つの石を渡された。故郷の屋久島で拾ったという十字の石（口絵2中央）。

「やっとこれを渡す人が現れました」

３２１に戻る。師匠は私の会を教会でやりたいと言った。CD『For Maria Magdalene』を聴いていつも涙しているそうで、ぜひそうしたいと。そして参加費はドネーション形式にと。その内に、たんたんさん（高橋さん）とコラボにしましょうかとなり、中山さんも誘って三人で！　ってなったのだった。

天使のスタッフ（福岡県）

糸島の福岡西部バプテスト教会に決まった。グランドピアノもある教会。会のタイトルも、『糸島 春分 ミラクルコラボ ～音霊・言霊響き愛～ 山水治夫×中山 康直×高橋 寿介 トーク&ライブ』に。
当日、１２３人の参加者だったという。この数の一致もミラクルだ。和歌山から車で参加の黒山さんもおられる。かなりの長距離……。ありがたい。
この日は主催の師匠並びにスタッフのみなさんが背中に羽根を付

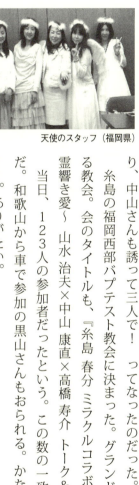

け、天使になってくださっていたのだ。ここまでの準備に目頭が熱くなった。

まずは、たんたんさんのクリスタルボウルから開始。教会にクリスタルボウルもいい。中山さんの絶頂トークが終わり、私の番。トークとピアノを半々でやった。各個人が終わり最後に三人揃ってのトークだが、私は少し遅れて登場した。着替えていたからだ。何に着替えていたかというと、鹿児島の時以上の歓声（悲鳴?!）が上がったので、同じボーリングピンマンではない。なんとシスター姿で登場した。いつも関西で主催してくださるデコポン高田さんが参加されると聞いたので、昨年十二月に着ていたシスターの服（25ページ写真参照）を借りていたのだ。背中のチャックが壊れそうだったが、なんとか上まで上げた。中山さんもたんたんさんも絶句&笑顔。写真は恥ずかしいので載せない（笑）。しばらく三人で話してから、たんたんさんと二人で『奴奈川姫』を演奏、歌おうとなった。すると、

「ヤンズさん。僕も間奏あたりにトークで絡んでいいですか？」

「いいね～　ぜひやってください！」

それがまた素晴らしかった。太古の女神を素敵なトークで絡めてくれた。中山さんは話の天才だな。またいつかやってみたい。

翌日は、師匠らと長崎へ移動。明日、初の長崎トーク&ライブがある。その道中、いろいろ寄った。一番印象に残っているのは、糸島市内にある卑弥呼の墓ではないかと言われる平原《ひらはる》遺跡。ここで日本最大の鏡も見つかった。なんとここは師匠の実家の土地とのこと……。二重に驚いた。師匠の祖母とお父さんが見つけたのだ。

その他、近くの古代墳墓も見たが、韓国と同じものだった。やはりこの地域は朝鮮半島との交流が濃い。しばらく糸島に住んで、ゆっくり歩きたい。

岩戸神社

二十三日。初の長崎県でのトーク&ライブ開催となった。

主催は森さん。師匠に引き続き、この方も初めて主催をやってくださる方。ありがたい。森さんはこの数か月前にFacebookで繋がったばかりの方なのだが、まずはCD『For Maria Magdalene』、『姫』。そして本の『愛歌』、『姫・シ♭』をアマゾンから購入してくださったそうだ。『愛歌』を読み、私が九州で最初に訪れたのが、森さんのお住まいの諫早市、老松神社だったのでビックリしたとメールがあったのだった。老松神社は私も記憶に強く残っている社だ。もう数台前の携帯になるが、「**キウイ～**」って鳴くのだ。『秘話』やこの『愛歌』の時代に使っていた携帯《ガラケー》だった。普段はそのようなことがないのに、姫の神社を写メで撮ろうとすると、たまにそうやって鳴いた（信州は戸隠神社でも鳴いた）。数人の読者にも聞かれたことがある。姫旅で初の九州上陸、初の神社での出来事だったので、とても懐かしい社名だった。その諫早市在住の森さんが主催を買って出てくださったのだ。

森さんが、私の会を主催すると決めてから、ある奇跡が起きたと連絡をくださった。何枚かの写真を送ってくださったのだが、これはスゴい……。マリア様が写っている……（口絵2右下）。これは森さんがポスターを作ってくださり、それを写したものなのだが、ポスターの中のマリア様と同じ形の白いものが、すぐ後ろの壁に写ったのだ。

もう一枚の写真もスゴい。お連れしたいという岩戸神社に前もって行かれた三月十二日のものだが、社殿の上に浮かぶ濃い虹色のオーブ。（口絵2左上）。参拝しに行くのが楽しみだ。

当日の会場は、九州ガスホールといって、今はもう使用していない円形のガスタンクをイベントホールに改造し、貸し出しているのだ。もちろんピアノもあるので決まった。

前日に、321主催の師匠、参加のデコポン高田さん、ふーみんさんと長崎入りしていた。そして明日から参加される大分から是永さんも集結し、森さんとみなさんとで初ご対面。長崎港の夜景の見えるところで夕食しながら懇親した。是永さんと森さんは知り合いだったのだ。再会にとても喜んでいた。これも姫様が繋げた人の輪。和。

当日の午前中に、老松神社を含め数社と教会を参加可能な方々と参拝することになった。最初は川上神社。次が懐かしの老松神社。老松神社の長い石段を上がっている時、急に〝桜餅の香り〟が降ってきた。私がそれを告げると、森さんはじめ、みなさんが分かり驚嘆の声が……。私自身も兵庫県たつの市の井関三神社以来の二回目だったので、とても驚いた。

主催の森さんと著者（長崎県）

湯江教会がまた良かった。そこにエレクトーン（電子オルガンのヤマハの商品名）があったのだが、もちろんパイプオルガンの音にセットしてあった。そこで、『For　Maria　Magdalene』から、『マグダラのマリア』、『サント・ボーム』、『クリスマスナイト』をメドレーで弾いた。それが物凄くその教会内の空間にマッチした。多くの方が目を閉じて聴いてくださっていたが、すすり声が聞こえた。パイプオルガンのCDを出してほしいとリクエストの声もあった。

昼食を取り、ガスホールへ。六十人の方が集まってくださった。感謝。今日は〝ラ〟の聖母マリア。これもグッドタイミング。長崎だもん。初の長崎、初山水の方が多い会だった。これもお役目。今日も初めての方々に、瀬織津姫様の御名を連呼し、ピアノを弾いた。最後に森さんが美しい青いサリーを纏い登場してくださった、まさにマリア様のよう……。

懇親会でのこと。何度も何か所でユリ、カサブランカの甘い香りが降ったのだった。森さんはじめ、何人もがその香りの余韻に浸っていた。姫様、ありがとうございます。

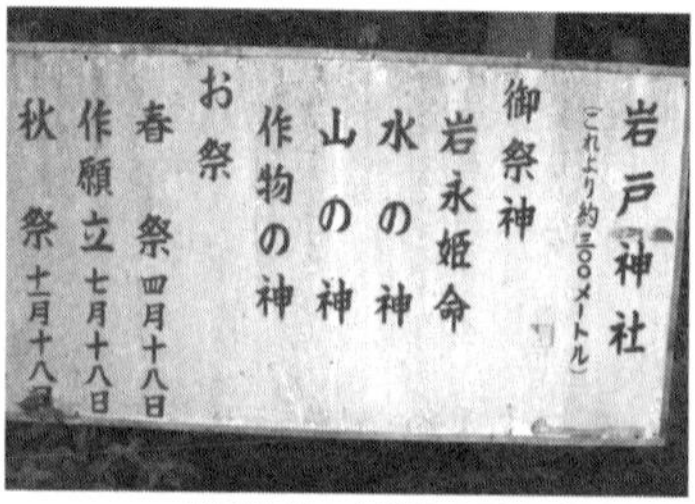

岩戸神社の由緒書き看板（長崎県）

翌日可能な方々と、待望の虹色オーブの雲仙市瑞穂町にある岩戸神社へ参拝に向かった。主祭神は『セオリツ姫・シ♭』のメインの、シ♭の女神。そう、磐長姫を祀る社だった。森さんを含め三台で動いた。私は森カーの助手席に乗っていた。入口に着き、看板を見てもう感動。祭神の四柱がうれしい。

入口から山道を数百メートル歩いて行き、岸壁の下に社があるのだが、その行き帰り、特に参拝を終えての帰り道に何度も何種類もの甘い香りが降ってきて、森さんも大感動。ありがたい香りだった。

いつも参拝している社に私が行き、初めてそこで甘い香りが降るので、やはり感動してくださるわけだが、私はいつも必ず言う。「これは姫様がやってくださっていることですので」と。ここに来ている方々みなさんにだが、特に昨日主催で本当にご苦労をおかけした、森さんに姫からの祝福だと思う。

湯川れい子さん

こうして初長崎の会を終え、帰京した一週間後。私にとってまた奇跡のようなことが起こった。音楽業界の女神と言っても過言ではない、湯川れい子さんとの対談を載せた雑誌が出版された。

湯川れい子さんと著者（東京都）

三月三十一日。『スターピープル Vol・49』（ナチュラルスピリット社刊）から私の対談シリーズが始まった。その記念第一号のゲストに湯川れい子さんをお招きしたのだ。その前の年の十二月に、ドキドキして電話した。受けていただけるかな～と。「いいわよ。音楽の話でもしましょ♪」ありがたかった……。

湯川さんはこの対談で初めてカミングアウトされたことがあった。私が引き出したのだが……。それはサイババのこと。まだの方はぜひ読んでくだされ。湯川さんと初めてお会いしたのは、もうかれこれ三十年前のことだが、二千年にリリースしたデビューシングルの『ハレラマ』の頃から大変お世話になった。私にとっては雲の上の存在。その方と対談し、世に出るなんて夢の夢で、考えもしなかったこと。世の中、何が起こるか分からない。ありがとうございます。

東京528

四月五日のこと。私はいつもと違う会をした。この平成二十六年に入ってから取り組んでいることがあった。それは528Hzのことなのだが、一般の人には聞きなれない数字と、Hzという単位・アルファベットだと思う。Hzはヘルツと言い、簡単に書けば、音の高さのことである。実は、これは私の専門で日常営んでいるピアノ調律の仕事で出てくる音の高さの単位なのだ。しかしHzはとても非常に細かいもので、一般の方にとっては理解できない世界でもある。この宇宙のすべてのものは波動、振動で表せる、できているが、この528Hzとは一秒間に５２８回振動しているということである。このHzの前に付く数が多いほど音が高くなる。

ところが、数年前からこのHzを使い、いろんな方がアルミで作った音叉を売ったり、本やCDを出したりするようになった。しかしそれらを見ると、素人の方が、素人の発信したものをよく分からないまま何となくやって、ヒーリングにも使っていることを知った。一応、その道で長年やってきた身にとっては、商売と言えども、遺憾極まりないことでもあったので、一度、真実を表に出さないとならないな……と立ち上がったわけだ。

528Hz ワークショップ中の著者
（東京都）

その本より発信された内容だが、簡単に書いてみる。普通の高さ・A＝４４０Hz（実は、それすらもう普通ではない）の音は悪魔の音で、それより４Hz高い音を平均律で調律するといいと。その時のラの上の〝ド〟の音が５２８Hzになり、それがいいという説。

これに関しては、この書の少ないページ数で説明することはできない。詳しくは『５２８』を読んでいただくとして、さわりを書けば、このことを本当に解るのは、まずは調律師であり、そして音楽家（クラシック&ポピュラー、演奏家、録音）であり、スピリチュアルにある程度精通していないと解らない。偶然にも私はそれに当てはまったので、この勘違いが蔓延する前になんとかしなければならないと、使命感を持った次第である。そしてそれを、東京と大阪の二ヵ所だけでセミナーをしようと思ったのだ。『山水 治夫プレゼンツ　５２８Hz特別音楽ワークショップ　ｉｎ 東京&大阪』と題した。

前もって、参加の方で５２８Hzのアルミの音叉を買って持っている人は持参してくださいと伝えていた。十人ほど持ってこられたが、ほとんどのものが下がって狂っていた。何人かの音叉を削って調整した。音叉というものは狂いやすいものなのだ。温度の変化ですぐ狂ってしまう。そしてここからが肝心なところなのだが、アルミはステンレスの二倍以上も狂う。私たち調律師は高いステンレスを使っている（五千円ほどのもの）。しかし、今持っているアルミであろうが音叉、音というものはどんな高さでも素晴らしいもの。悪魔の音なんてありませんから、狂っていてもそのまま使ってくださいとお伝えした。どんな音でも癒されるのですと。

そういったことを、以前、この『５２８』の版元のナチュラルスピリット社の社長さんと飲んでいる時に、軽くお話した。すると、それを本にしたらどうですかと進言してくださったので、年始から書き始めていたわけだ。

大神神社の神風

ＧＷが始まってすぐの四月二十七日。春や秋に時より行う、正式参拝シリーズを開催した。今回は神社が神社だったので、そこと縁が深いという太田画伯とコラボとした。『山水 治夫氏・太田 昌江画伯　正式参拝＆トークショー《第６弾》大和国一之宮〜〝大神神社〟〜』と題された。ここは饒速日命《ニギハヤヒ》の社だ。これまでの正式参拝シリーズは瀬織津姫を祀る社で行ってきたので、その中では初のこと。

大神神社は、祭神の大物主が大国主命であり、饒速日命ではないと、あくまでも記紀の解釈を守っているが、もうすでにそれを信じる人は少ないであろう。また、その頃にはすでにこの書の前に出版した『命・シ♭』の構想もあったし、この社も本当は姫と命、両神を祀るところと思っていたので違和感はなかった。

お陰様で快晴の中、全国より五十人ほどの方が集まってくださった。二之鳥居をくぐったところにある手水舎で集合し、まずは、近くにある祓戸神社でみなさんと手を合わせた。

太田さんは大神神社と縁があると書いたが、この社の初代宮司で、大物主の子孫と言われる太田田根子の子孫であるとのことなのだ。事実とすると、饒速日命と血が繋がっているということになる。まあ、大国主命も饒速日命も『命・シ♭』に登場するので、同じと言えば同じなのだが……。

まずは拝殿左にある参集殿の控室で待機する。この日の打合せで、何度となく電話で話していた神職さんが説明に来られた。私と太田さんが襷《たすき》をかけられる。さあもうすぐだ。時間になり拝殿へみなさんと進む。入って驚いたのだが、ここの作りが面白い。初めてのものだった。通常、正面に向かって我々参拝者一同座る。そして左手に神職が位置する。ところが、正面に対して参拝者が右側。神職が左側になり対面する形なのだ。正式参拝の時、私と太田さんだけが前に出て正面に向く方式だった。このようなことは実際に体験して初めて分かること。

太田さん、著者、参加者さん（奈良県）

（へ～……）と思って太田さんと一緒に座って二拝二拍手一礼をし、頭を下げた瞬間だった。

スー……

これを神風と言うのであろう。一陣の風が真正面から吹いてきた。この時の感じは文字では表せられない。抽象的な文字になるが、〝神聖な風〟としか言いようがない。こうした体験を積み重ねさせていただくことに感謝した。その後、場所を移し、コラボトークの始まり始まり……。こんなことも話した。

「太田田根子は、漢字が大田田根子と意富多々泥古の二つありますが、実は〝おおたたねこ〟は、〝おお、たたねこ〟なんですよ。それが時代とともに、おおさんが、おおたさんに変わってきたのでしょうね」

懇親会は大阪駅周辺の〝世界の山ちゃん〟に場所を移し、銀河高原ビールを飲んだのだった。

翌日は、レンタカーを借り吉野へと向かった。吉野水分神社や金峯山寺《きんぷせんじ》の金剛蔵王権現を拝謁した（付録参照）。青の権現。少し前にテレビのＣＭでも映り人気急上昇だが、元々知る人ぞ知る権現。聖域。『命・シ♭』でも少し触れたが、神の剛と軟の内、剛を受け持つのだろう。瀬織津姫の中の荒魂もそういったことだ。だから、「ヤンズさんは厳しい」と離れていく人もいるが（笑）大目に見てくだされ♪

ヨーガの田原会長

二十九日はお茶の水のホテルに足を運んでいた。日本ヨーガ学会会長の田原豊道先生の誕生会が行われる。田原会長とも湯川さんに引き続き、『スターピープル Vol・52』で対談させていただいた。この時の内容もかなりブッ飛んだ。タイトルが『ブラフマーもヴィシュヌもシヴァも、みんな瀬織津姫』ときたもんだ！ すっかり田原会長に誘導された私だった。会長と会う度に思うことは、まず、とても若いということ。これは気持ちと身体ともに。子供のような心と瞳をお持ちである。やはりヨーガはどちらにもいいことが会長を見ていると解る。あと、やはり凄いと思うところ。それは〝謙虚〟。これが一番。これが悟りと言っても過言でない。

田原豊道会長と著者（東京都）

会長は九十歳くらいとのことなのだが（はっきりと分からないらしい）、とてもそう見えないし、なんと今年になってから、東京タワーを階段で三往復されたという！ 私なんぞは神社参拝の石段だけで膝をやられイタタ……とやっているのに、凄すぎる！

誕生会だが、最初に荻山理事長のリードでヨーガスートラをみんなで歌うことから始まった。荻山さんは田原会長の右腕の方。彼女の歌声はとても素晴らしい。素晴らしいは上手いだけではない。魂に入り込む何かがあるのだ。それは歌唱力とは違うものだ。悟りのステージ、水準、レベルが出す声の波動となり、空間に流れ出ているのだ。それを感じ取れる方。これは倍音が豊かということでもある。日本ヨーガ学会から出ているCD、『倍音ヨーガスートラ』を初めて聴いた時、驚いたものだ。本場インドでもこのような波動のものをなかなか耳にできない。この日のヨーガスートラもとても気持ちが良かった。

この日のゲストスピーカーは、新潟大学教授で『人が病気になるたった2つの原因』（講談社刊）でもお馴染みの、医学博士・阿保徹さんだった。先生は訛っていてトークも笑いどころ満載で楽しくもありためになった。

これからしばらくして、この年の翌年（平成二十七年）の六月に、年に一度の全国大会で私をゲストスピーカーとして呼びたいとお声がかかった。なんとところは岩手だという。縁というものは不可思議すぎる……。

第三章

言霊、数霊

スマホに瀬織津姫

昨年のGWは、埼玉、滋賀とトーク&ライブをして旅をしていた私だったが、今年はゆっくりとしようと思っていた。そうした中、古くからの読者の方で、府中にお住まいの鳥田さんが、大國魂神社の祭り〝くらやみ祭〟の案内をしてくださるという。とてもありがたかった。また少し歩くが、瀧神社も案内してくださるというので、さらに喜んだ。もっと喜んだのは、近くに三鳥居もとい、サントリーのビール工場があり、無料見学と無料試飲ができるのですが、ついでにいかがですか?とお誘いくださったことだ。断る理由は大宇宙を探しても見つからない(笑)。

くらやみ祭で使われる、一之宮の小野神社(祭神=天下春命、瀬織津姫)のお神輿も見ることができたし、瀧神社も参拝できた。出来たてビールも飲めたし、いうことのなかった私。しかし、それらを上回る歓喜があったのだ。

「そうそう、ヤンズさん。知ってらっしゃいますか?! 瀬織津姫が携帯で変換できるようになったんですよ!」

「えっ?! ウソ?! 僕のはスマホだけどできないよ」

「ご存じなかったですか？　私のスマホに、ほら！」

「ええ‼　ホントだ！（口絵2左下）　マジ?!　うわ～……」

崩れ落ちる私だった。

「ヤンズさんが、がんばってきたから、こうなったんですよ！　友人のスマホにも入っていました！」

「………」

言葉にならない私だった。自分のスマホはまだだが、今度買い替える時には大丈夫だろう。どんな美味しいビールよりも、私にとってこんなにうれしいことはなかった。この携帯という世界に、瀬織津姫という言霊が当たり前に入ったのだ。そういう時代になったのだ。こうして姫は現実の社会の中にも復活したのだ。私は一つのことをやり遂げた現実を知った。その現実に酔った。

数霊スタンウェイ

ＧＷが終わって五月十日。またまたうれしいトーク＆ライブを用意していただいた。ついにシ♭ツアーの〝シ♭〟、磐長姫《イワナガヒメ》がきた。横浜在住の永安さんと新潟県十日町の岩田さんの共同主催だった。そこで磐長姫様が、みんなが驚嘆するとんでもない奇跡を見せてくれた。

会場がスタンウェイの松尾楽器、横浜馬車道店。馬車道ってパスタのファミレスだと思っていたが、そういえばここから名前を取っていたのだ。関内駅から歩ける距離にある。ここには当然だが、たくさんのスタンウェイピアノがある。当日使用するのは、ボストンピアノだと聞いていた。このピアノは二十五年ほど前に、スタンウェイが日本のカワイピアノにOEM製造させたというもの。スタンウェイはスタンウェイだが、やはりちょっと違う……。でももちろんいいピアノ。私は与えられた環境&ピアノで精いっぱい瀬織津姫の話とピアノ演奏をするだけなので、それで満足だった。

ところが、当日会場へ着いて驚くことが起きた。そこには見慣れぬ色、デザインのグランドピアノが用意されていたのだった。調律師の私も見たことのない容姿。ボディーは、茶系の木目で銀のストライプが入っている。大屋根を支える棒も、猫足のように曲がっている。そして中の鉄骨が通常は金なのだが、なんと銀色。オシャレ……。

「今日は、特別なピアノを用意させていただきました！」

と、店長が言った。

「世界で20台しかない特別モデルです。アラベスクと言って、売れっ子デザイナーが手掛

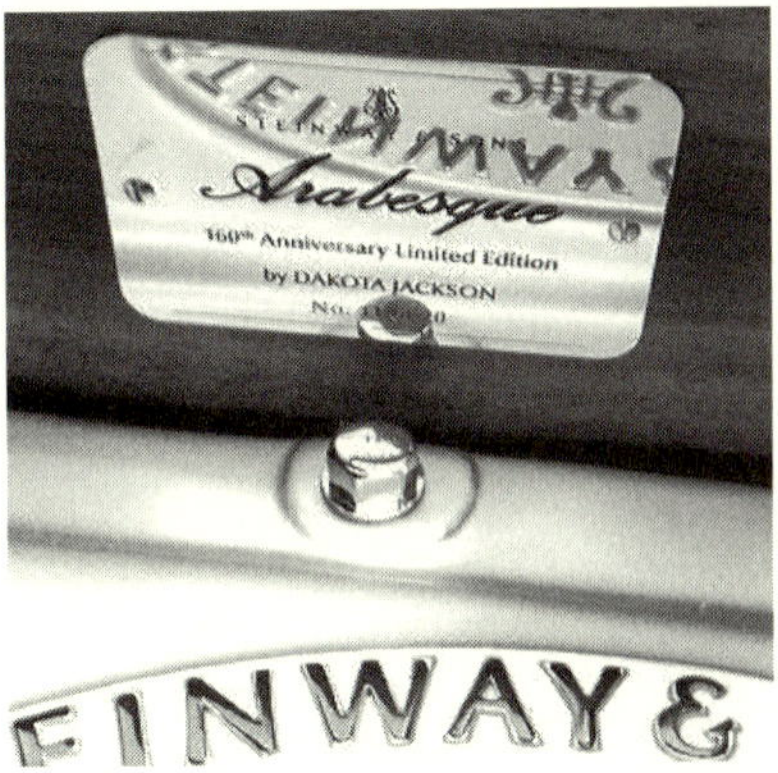

アラベスクのナンバー（神奈川県）

けたもので、これはナンバー11のものです。もちろん日本で一台です」

「えっ！」

えっと声を出したのは私だけでなかった。主催の二人もスタッフで早く来てくださっていた方も驚く。こんなことがあるのか……。20（2）と11は私の数字だ。私の読者、ファンの方なら大概知っている事柄。

「うわ〜　姫が用意してくださったんだわ！」

もちろん、私もそう思った。こんな数での祝福もあるのだ……。姫様にひれ伏すしかない。ちなみにこのピアノ、大きさは一番大きいフルコンよりも小さいのだが、それでも2500000円する。写真の一番下の文字にボルトの反射と重なっているが、〝**No. 11 oF 20**〟と書いてあるのが見えるだろうか。

懇親会は横浜とだけあって、中華料理のお店で堪能させてもらった。有り難い会だった。

イエスの墓220

馬車道の翌日から、春恒例のエミシ姫旅へ出かけた。今回は、ある特別な目的地があった。それは※日本三大霊山でもある恐山。イタコでも有名。それこそ日本のスピリチュアルリズムの元祖と言っても過言ではなかろう。

恐山は、昔からいろんな人の話題に出てきていた。それらは、百パーセント良くないことであった。あそこはやはり……的で、行かない方がいいといったものだった。極端な話、行くとやられる……とまで言う人がいた。

しかし、私は違う。どこへ、どんなところへ行こうが不安は一切ない。姫が守ってくれているからだ。それだけの理由。私は、

（おいおい、どこぞの悪霊さんよ、地縛霊さんよ。もしあんたが悪さをしてくるようだったら、その前にちょいと考えた方がいいぜ。ほら、見てみろ。眩しくて見えないか？　悪さをしようもんなら、姫様が黙っちゃいねえよ～）

って気持ちでいるのだ。そういったわけで、その恐山になおさら行ってみたいと思っていたのだった。そしてその地をこの足で歩き、感じてみたいと思った。

ひたすら運転する。東北自動車道を六～七時間ブッ通しで運転する。トイレ休憩&微糖缶

コーヒー&ガソリンでサービスエリアに入るのは一～二回のみ。当然疲れるが、『For Maria Magdalene』を流しながらだと、マジでこれまでより疲れない。

今回、陸奥は青森県むつ市の恐山へ行く前に、久しぶりに寄りたいところがあった。新郷村のイエスの墓だ。『物語』にカラー写真を載せたが、最初の一枚にオーブが写ったものだ。しかしその日、資料館が休みで入れなかったという悔いが一つあった。

イエスの墓資料館内（青森県）

イエスの墓への看板（青森県）

ようやく駐車場まで着き、丘の上へ歩いて行こうとすると、思わず微笑んでしまった。七年前はなかった看板。キリストの墓まで220メートルと書いてある。またもや私の数字。二日続き。二月二〇日生まれで、昔から2と11が好きな私が勝手に自分の数字と決めているだけだが、やはりうれしいもの。旅先でこうした数霊に出合うと旅の疲れも吹っ飛ぶ。

イエスと弟のイスキリの墓と言われている両方をそれぞれ参拝し（イエスが右と言われている）、資料館へと歩いた。良かった。開いていた。お金を払い中へ入る。もちろんそんな大して期待しているわけでもない。ただの思い残したことを解消するだけのもの。昔の赤子を籠に入れて育てていたものを復元していたものなど、これまでネットで見ていたものを実際に見られて、それなりに良かった。

この日は十和田湖のホテルに泊まった。夕暮れ時に着いた。十和田湖神社を参拝し湖畔を歩いた。夕日に映える十和田湖。湖面が金色に輝く……。本当に美しい。

翌朝、むつ市に向かう前に逆方向になるが、やはり久しぶりに寄りたいところがあり少し早起きした。それは大湯のストーンサークル。我が国の縄文遺跡の中でも、筆頭に上げられるほどの重要なものだ。

大湯のストーンサークル（秋田県）

ここは四回目か？　渓流釣りで近くには度々来ていたが、渓流釣りにハートがメインになっていたので、まだ数回となっている。やはりここは何度来てもいい。

三回目の時に初めて資料館に入ったことを思い出した。なんとあろうことか、当時は縄文土器がむき出しになっていて、誰でも持っていこうと思えば可能な展示の仕方だったのだ。とても危惧していたが、お陰様で今回、鍵のかかったガラスケースに入っていた。館長さんから話も聞けた。やはりここは日本の縄文でとっても重要なところなのだが、アピール不足でまだまだ有名でないし、重要だと認識されていないとおっしゃっていた。

『物語』に写真をと思いながらも結局載せなかったので、ここで載せる。祭事に使われた……、日時計らしい……。未だにこれが何なのか分かっていない。太古の人間は何を思い、これを作ったのか。ロマンはロマン。それでいいのだ♪

余談だが、このように人によって、趣味の世界もどこまで探るかは十人十色、千差万別。瀬織津姫も同じで、自分の好み、感性を他人に強要するものではない。だから私も、こうである的な書き方をなるべくしないようにしている。こう思う的な表現を使うことが多い。

これはどういったことかというと、分からぬ世界であるのに、決めつけたり、人に対してそれは間違いだという発言をすることほど、愚かなことはないということだ。自分の思考は自分で楽しんでいればいい。したい人はそういった同好会で語り合えばいい。

※日本三大霊山（日本三霊山）
日本三霊山とは、古より山岳信仰の盛んな日本において、霊山の三大として富士山・白山・立山を束ねた名数である。略して三霊山とも呼ばれる。また、これとは別に日本三大霊山（にほんさんだいれいざん）という名数も存在し、こちらでは、富士山・白山に加えて立山と御嶽山（長野県の御嶽山）のいずれかを挙げて三大としている。他にも栃木県の岩船山（慈

覚大師誕生の地の近く）を日本三大霊山の一つに入れることもある。さらにはまた別に、日本三大霊山は、恐山・比叡山・高野山の三霊山を束ねた名数とする例も見られる（これは、恐山・白山・立山を束ねた日本三大霊場、および、恐山・秋田県の川原毛地獄・立山を束ねた日本三大霊地とは別ものである）。ウィキペディアより。

これを読んでも分かるように、この山の多い日本で三大を決めるには無理があるようだ。

恐山は聖地

さあ、この旅のメインへと向かう。ただひたすら北へ。しかし、道路の兼ね合いでまずは、東へ行かないとならない。その東の道とは、日本でも有数の水の聖地、奥入瀬《おいらせ》渓流だ。こんなにうれしい迂回はない。ところどころつい車を止め、その美に見とれる。写真を撮ることの繰り返し。誰しもがそうだ。水ある風景がそうさせる。姫がそうさせているのだ。そして人間を癒す。この風景を見て、腹の立つ人間はいないだろう。客観芸術※でもある。姫様ありがとうございます。

ただストレートに通るだけよりも、倍以上の時間を費やしたが、やっと道路は北へ向いた。ただひたすらに北上するのみ。

何時間運転しただろうか……。高速のない道を延々と走った。恐山はむつ市にある。下北

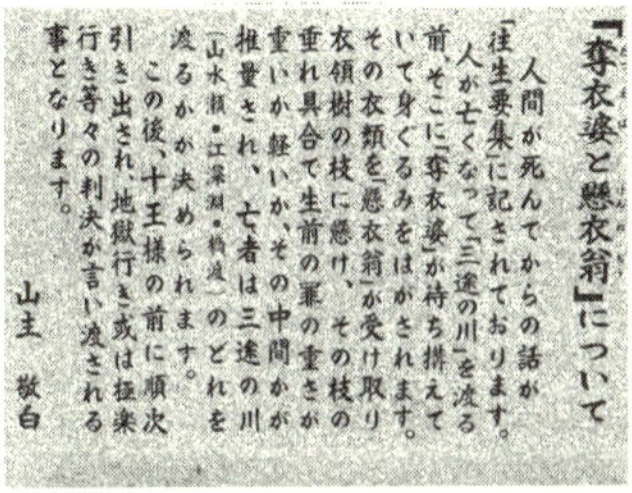

『奪衣婆と懸衣翁』について
人間が死んでからの話が
「往生要集」に記されております。
人が亡くなって「三途の川」を渡る
前、そこに「奪衣婆」が待ち構えて
いて身ぐるみをはがされます。
その衣類を「懸衣翁」が受け取り
衣領樹の枝に懸け、その枝の
垂れ具合で生前の罪の重さが
重いか軽いか、その中間かが
推量され、亡者は三途の川
「山水瀬・江深淵・橋渡」のどれを
渡るかが決められます。
この後、十王様の前に順次
引き出され、地獄行き或は極楽
行き等々の判決が言い渡される
事となります。
山主　敬白

奪衣婆と懸衣翁の由緒書き（青森県）

奪衣婆と懸衣翁（青森県）

半島のちょうど真ん中あたり。ここまで来るのは初めてだ。看板に恐山の文字がちらほら見えてきた。道も上り坂になってくる。山の中を走る。ところどころ水芭蕉が咲いていて、車を止める。お花はすべて客観芸術。素晴らしい。ちなみに、客観芸術で私がNo．1だと思うもの。それは虹。

恐山の入口というのか門が道に備え付けてあり、そこをくぐった。そしてしばらくすると下り坂になり……出た〜。宇曽利湖《うそりこ》だ。確かに殺風景だな。（もちろん、心の中で、ウッソ〜とジョークを一応言っておいた）しかし、そんなに想像していたような不気味さはない。

すかさず車から降り湖畔に立った。硫黄の匂いがキツい。ここは極楽浜とも呼ばれるそうな。近くには湖に流れ込む沢、三途の川があるが、完全に硫黄の川。かなり濃い濃度の温泉水が流れ込んでいる。これじゃ、魚はいないだろう……。いや？　何かいるぞ……。小魚がいる……。こいつらすっごいな。適応している。人間も放射能の中である程度適応しているわけだが、ここまでの人間はなかなかいないだろう。

そんなことを思いながら少し進むと、写真で見ていた真っ赤な橋、太鼓橋があった。そして像が……。奪衣婆《だつえば》と懸衣翁《けんねおう》。怖いね。

そろそろなぜ私がここへ来たかを書かなくてはならない。そう、この奪衣婆が瀬織津姫でもあるということなのだ、この像を見てちょっと考える（笑）。いや、本当にそうなのだ。姫は人間の生死、どちらにも接してくださる方なのだ。これはエジプトのハトホル女神とも同じ。地獄行きか極楽行きかはこの二柱？が握っているとのこと。

この二柱の中間にある石版を見ると、二柱が、山水瀬・江深淵、橋瀬のどれを渡るかを決めるとなっている。私はもう山水瀬で決まっているだろうか？（笑）。

恐山菩提寺の総門（青森県）

さらに進み、大きな総門と呼ばれる門と駐車場が見えた。五百円を払い総門をくぐる。広い。入ると雰囲気が違う……。やはりここは寺。観光客はたくさんいるが、やはり神聖な場。寺の名は菩提寺。本坊はむつ市田名部にある曹洞宗円通寺とのこと。そして開基がなんと、慈覚大師（円仁）となっているではないか。八六二年のこと。慈覚大師は、

「東へ向かうこと三十余日、霊山あり。その地に仏道をひ

ろめよ」

と、夢のお告げに従い諸国を行脚した。そして辿り着いたのが、この恐山だと言われている。

私のこれまでの書を読んでいただければ分かるが、慈覚大師は姫を祀る神社に一番関係していると言っても過言ではない方。

ここは変わっているというか、ここならではと思うが、境内に温泉がある。なかなかの湯だという。地獄の湯か……。最初に支払った五百円で入れることになっている。すべてまわってから入ろう。

まずまっすぐ歩くと山門がある。それをくぐりぬける。正面突き当りにあるのが、薬師堂。本堂は正面でなく、左手にある。本堂の方が地味で目立たない。薬師堂の手間の看板を見て驚いた。

三十三番札所　恐山 菩提寺
聖観音及び十一面観音

と書いてあるではないか！　姫じゃん！　やっぱり慈覚……。うれしすぎて気が抜けてしまった。知らずに来たとはいえ、やはり来ることになっていたんだな……と納得した私だった。それもその聖観音と十一面観音像は、円空作というオマケ付き。

それからは足取りも軽く、すべてを見て味わった。ところどころ、地面が朱《あか》く黄色くカラフルになっている（口絵3上中）。その朱色を見た時、（これは丹生《にゅう》だな……）と思った。水銀が取れるんだろう。取れただろう。取っていただろう……と。

来た道を戻り、薬師堂前あたりを歩いて温泉に入ろうと思っていたら、坊さんが歩いてきた。すかさず質問した。

「すみません。朱色の土がありましたが、あれは丹生ですよね？」

「ああ、赤い土もありますね～」

（あれ？　はぐらかしている……）

「ここでも水銀が取れたんですか?!」

すると、急に人が変わったように、

「……そうです。結構取れたようで、南部藩がかなり取りに来ていたようです。……どこから来られたのですか？」

「東京からです」

「そうですか。本堂で参拝されていきますか」

「えっ？　よろしいのですか？」

「はい。どうぞ、いっしょに行きましょう」

想像もせぬ展開になり、本堂に上がらせていただき手を合わせた。なんだか、ここの住職さんだったみたいだ。ツイてるツイてる♪

それから温泉タイム。貸し切り状態で本当にいい湯だった。群馬の草津温泉から強酸を抜いたような湯。恐山に行ったら必ず入ってくだされ。

こうして恐山を後にした私だったが、まったくもって、ここはとても素晴らしい聖地だ。世間で言う、怖いところというのは、そう感じる人の中の闇に反応しているのであろう。ぜひ、素の心で行ってほしい地。

※客観芸術
客観芸術とは、誰が見てもいいと思う、感じるものをいう。ナチュラルスピリット社刊の『スターピープルVol・54』は、この客観芸術をテーマとしているので参考になる。

男鹿半島・赤鬼青鬼

この日は恐山から車で四十分ほど下ったところの民宿で泊まり、翌日、秋田に向かった。一社だけのために秋田に向かう。男鹿半島へ。ここに赤神神社五社堂というのがある。ここに十一面観音像と聖観音像があると知ったので行ってみたいと思った。

大潟村を通る。ここが昔、湖だったとは驚く。よく干したな……。限りなくまっすぐな道路を走る。すると男鹿は右という看板が出てきた。右折し海へ向かう。空には先ほどからず～っとＵＦＯの母船・クラウドシップのような巨大雲がついてくる。ようやくホテルに着いたが、今日は疲れた。温泉に入り休むだけ。

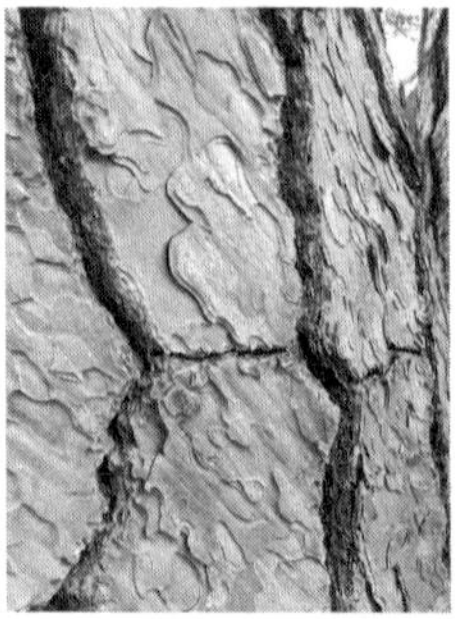

松の樹皮（秋田県）

翌朝、朝食を食べ、上京する前に目的の赤神神社五社堂へ向う。ちなみに、この赤神っていうのは、あの怖い、赤鬼青鬼である。ここ発祥なのだ。この鬼にされたのは誰だ？　どういった部族だ？　もうみんな分かっているだろう。大和朝廷に逆らった地元民だ。それを、今の地元民が鬼と扱う。今の地元民は、本来の地元民と大和移住組が混ざっている。本来の地元民も、そういった歴史を知らないまま、教わらないまま、鬼は外！　と祝う……。まあいい、とにかく社へ向かう。

海沿いの眺めのいい道をクネクネ走る。途中から山への上り坂に入った。駐車場に着いた。松に目が行った。なんだか落ち着く松だ。そして、その木肌がステキ。芸術だなこの形……。しばらく愛でてから、長い長い石段を上がる。キツイがなかなかの石段だ。そして見えた……。

「うわ……」

赤神神社五社堂（秋田県）

思わず声が出た。カッコいい……。本当に五社ある。ここだけでなく全国どこへ行っても同じように感動することが多いが、よくこんな山の上にこんな立派な社を建てたものだ……。しばらくそこで過ごした。

石段を下がり、左下に寺があるようなので歩いていたら、突然、和菓子の桜餅の匂いがした。桜の葉を塩漬けした香り。この香りは三回目。ありがたい。さあ、東京へ戻ろう……。

第四章

龍で始まり龍で終わる

楊貴妃

五月十八日。もう三回目だろうか、大好きな宇佐へまた行くことになった。宇佐三女神（『意識』参照）がまた呼んでくださった。シ♭ツアー〝シ〟菊理姫の日。もう残すところこれを含めて二つとなる。九州へ行くとなると、私の頭によぎることがあった。手前のあるところに寄りたい。探したい……。

それは楊貴妃《ようきひ》。手前の山口県の寺に楊貴妃の墓と像があると知ってはいたものの、なかなか行くチャンスがなかった。それでこの時ぞと、宇佐の前に立ち寄る予定を入れた。

北九州空港まで飛行機で行き、そこからレンタカーを借り、山口入りしたのだ。長門市油谷の向津具半島にある二尊寺を目指す。向津具という文字を見ただけで、瀬織津姫の別名の撞榊厳魂天疎向津姫《ツキサカキイツノミタマアマサカルムカツヒメ》の向津を連想し、うれしくなってしまう私。

二尊院の楊貴妃の墓（山口県）

（おお……、ここを行けば半島の先に出るぞ……）

着いた。どこだ妃は……

うわ～あった～　とばかりに、白く美しい楊貴妃の像があった（口絵3右上）。想像よりも美しかった。『姫・シ♭』

の書の〝レ〟にも、CD『For Maria Magdalene』にも『楊貴妃』を入れさせていただいている。感謝の墓参りとなった。

姫・シ♭焼酎

十八日午後からトーク&ライブ開始だが、お昼に宇佐神宮で正式参拝をすることになった。三女神の辛島さんが提案し、予約してくださったのだ。

宇佐神宮の駐車場が集合場所となったが、そこで懐かしい方と出会った。フリー編集者の賀来さんだ。賀来さんは、私とナチュラルスピリット社を繋げてくださったお方。私を幣立神宮の五色人大祭で見て、ナチュラルスピリット社が出している『スターピープル』に記事を載せないかと、声をかけてくださったのだった。まさか私の会に参加くださるとは……。数年振りの再会。うれしかった。

全員揃ったところで、境内へ向かう。鳥居をくぐると天に日輪の虹が出ていた。本当にいい天気。手水舎で浄め、石段を上がり正面の祓戸の間でまずは参拝（『意識』参照）。ちなみに、いい天気と記したが、私自身は姫旅中であろうが、いつでもどんな天気でもまったく構わない。ただ、参加者の足、気持ちを考えてのこと。

正式参拝は厳かに行われた。まさか、全国で一番多い八幡神社の総本山で、みなさんと正式参拝をするなんて、私の頭には浮かばないことだったので、最初この提案を辛島さんが出された時、文字通り青天の霹靂だった。もちろんいい意味で。ありがとうございます。

恒例の〝ウサノピア〟でトーク&ライブ開始。菊理姫とはどういった存在かを（『姫・シ♭』参照）ピアノ演奏とともに話した。記紀の中では、瀬織津姫は名前を出されずに隠されているが、多くの違った名で登場しているのだ。この姫もその一柱ということ。

懇親会は、菊水という宿泊もできるところだった。菊理姫の会で菊水……。ありがとうございます。今回も遠方からの参加者が結構いたので、ちょうど良かった。そして料理が驚くほど良かった……。蟹もそうだが、この辺の名物のネギをふんだんに使ったシャブシャブが出た。みんな大満足。

そしてもっと驚き&歓喜するものが登場した。三女神の一人、是永さんの友人の天台宗興満山興導寺の摩尼《まに》住職が、私ならびに懇親会の参加者全員へプレゼントと、ピンクの『セオリツ姫・シ♭』の表紙を、ラベルにした焼酎をくださったのだ！（口絵3左上）もったいなくて開けられない。

翌日、解散後それぞれの帰路に立ったが、可能な人で摩尼さん案内の元、国東《くにさき》の寺社を回った。うれしかったのは、国見町にあるマリア観音をご本尊とする慈雲寺を案内してくださったこと。このお寺の住職さんも、摩尼さんとの寺同志の交流もあるので、我々に親切丁寧に説明してくださった。感謝。

私の飛行機に乗る時間が迫った。みなさんに挨拶し、是永さんにスーパー運転で大分空港まで飛ばしてもらった。さすがは庭。セドナ以上の運転を見せてもらった（『意識』参照）。詳しく記すと是永さんに迷惑をおかけするので（笑）。

住吉三神は饒速日命

五月二十三日。翌日の大阪でも開催することになった、528Hzワークショップを控え、私は大阪と奈良に跨る旅をしていた。饒速日命《ニギハヤヒ》と麻をこよなく愛する真《さな》さんが、私の行ったことのない命《ミコト》の所縁の地へ案内してくださるという。真さんは枚方市在住で、私の会にも参加され、瀬織津姫の歌が好きで、自分の関係する会でよく弾き語りもされる方。

まずは私も参拝し書にも記した（『伝説』参照）、交野市にある磐船神社を参拝した。もちろんその前に機物神社にも寄った。ここで真さんが珍しい木を紹介してくれた。まずは多羅葉樹《たらようじゅ》。七夕の短冊代わりにも使われたそうだが、石などで文字を書くとそれが浮かび上がる。面白い葉の木だ。もう一つが、梶《かじ》の木。諏訪大社の神紋でもあるが、この葉がまた面白い形で、やはり昔、七夕の祭りに、歌などをこの葉七枚に書く風習があったとのこと。こういった木があるなんてまったく知らずに以前参拝していた。ためになった。

梶の葉（大阪府）

磐船神社を参拝し、向かうは交野山。ここの頂に磐座があるという。

着いた。素晴らしい眺めだ。河内を一望する……。古《いにしえ》の命たちもこうして高台に上り見下ろしたのだろう。この磐座の下へ行くとなにやら文字が刻んであるのが見えるという。一緒に降りて探してみた。あった。

（あれ……、これは梵字だが、似たものをどこかで見たような……。ああ、そうだ第一章に出てくる、新潟は十日町のTさんの書いた梵字だ！）

この時はしっかりと分からなかったのだが、後に真さんが調べてくださり、この磐座の縦の面の正面に掘られた大梵字は、なんと聖観音をあらわす『サ』の梵字だったという！

十一面観音と聖観音は瀬織津姫と言われている。やはり瀬織津姫だったのだ。これが岩肌に掘られていることから、この磐座は観音岩という名前がついたとのこと。やっぱり姫はすごいな〜。

それから饒速日命が降臨したという、交野市にある哮ケ峯《いかるがみね》に向かった。入口を探すのに一苦労したが、細い獣道をかき分け見つけた。石碑が見えた時はホッとした。降臨の地はもちろん諸説ある。

饒速日命を祀る星田神社、そして隣の星田寺を参拝した。星田寺には十一面観音が祀られている。星田妙見宮ももちろん参拝した。星田妙見宮はとても石段が長く、また私の右膝が悲鳴を上げたが、ステンレスの手すりに摑まりながら上がった。また、『命・シ♭』に写真も載せた、饒速日命の弓の墓は本当に感動で、しばらく動けなかった。

真さんが言う。交野市の天田神社では住吉三神は饒速日命になっていると。これは面白いし、さもありなんである。住吉三神とは、宗像三女神（市杵嶋姫《イチキシマヒメ》、田心姫《タゴリヒメ》、湍津姫《タギツヒメ》）の航海の安全を守る神の男版で、底筒男命《ソコツツオノミコト》、中筒男命《ナカツツオノミコト》、表筒男命《ウワツツオノミコト》となっている。宗像三女神は瀬織津姫のことだから、この住吉三神も私は饒速日命を三神に分けただけの創作名と思っていたので、合点がいく。これは、底津綿津見神ら三柱と重複もしている。

そして最後になったが、アテルイとモレの墓と百済寺跡へ向かった。アテルイ・モレの墓に着いた時は夕暮れ時だった。この墓も言葉で表現できないほどのものがあった。エミシの地からこんな遠くに連れられて……。

最後のつもりの百済寺跡に着いた。ここと大阪城は唯一大阪の特別史跡だという。河内の国も朝鮮半島と当然ながら交流が深かったのだ。拝殿の額にはなんと、牛頭天王と百済国王が並べて書いてあった。牛頭天王とは『命・シ♭』にも詳しく記したが、素戔嗚尊《スサノオ》のことだ。こうしてみるとやはり素戔嗚尊も朝鮮半島からやってきたのかと思う。

で、ここで終わらなかったのだ。真さんが見せてくださった神社関連の用紙に罷神社の文字を見つけた私は、膝も激痛が走りもうボロボロになっていたが、「ここへ行きます！」と、暗くなっている中、探し参拝した。もちろん祭神は、高罷神。もう足引きずりヘトヘトヤンズだったが、充実の一日だった。そうそう、真さんにこの日、『命・シ♭』の扉に使った饒速日命のデッサンを頼んだのであった。

大阪528

二十四日。さあ、大阪528ワークショップ。主催のデコポン高田さんが、二台のグランドピアノを使えるところを一生懸命探してくださった。なんと、スタンウェイ（ニューヨー

陰陽のピアノ（大阪府）

ク）と、カワイのそれぞれがフルコンというオマケ付き！もうやる前からスゴい絵が想像された。そう、実際の写真がこれだ。同じサイズのグランドピアノが二台あれば、このように陰陽の対極図のマークのようにセッティングできる（手前がスタンウェイ）。

そんな環境の中、東京と同じ内容のトーク&ライブを開始した。みなさんこの二台のピアノの音色の違いに驚いておられた。メーカーによって、これほどまで違うものなのかと実感された。ましてや、このニューヨークスタンウェイは、多少音が固めだったが、ものすごく音が響いて良かった。

また、ちょっとのHzの違いも、私が調律の道具を使い、耳で聴き対比できるようにした。みなさんも微妙な違いが解り、その繊細な世界・感覚を堪能していただいた。

この日も持っている音叉を持参した方がいらっしゃったが、一人を除いて全員下がって狂っていた。これが普通である。５２８Hzをキープできるものは、なかなかないのだ。気温にも敏感なのである（『５２８』参照）。この辺もみなさんに、いい意味でのショックを味わってもらった。

最後にうれしいことがあった。女性に声をかけられた。

「山水さん。初めまして。私、調律師なんです」

「えっ？　そうなんですか?!」

「はい。札幌から来ました！　ぜひ山水さんのお話を聞いてみたいと思って。東京の時はどうしても都合がつかなくて、ここまで来ました！」

「うわ～、遠いとこからありがとうございます！」

「いいえ～。今日、本当に来て良かったです。はっきり言ってくださってうれしかったです。本当に私も、どうしてみんなこんなこと信じているの?!　と危惧していたんです」

と、同業者から励ましの言葉をいただき感動した。当日は北海道だけではなく、九州からも何人か参加くださった。ありがたい……。

木花咲耶姫ツアー

私は年に一～二度、国内でマニアックな会をする。五月二十九日から始まる一泊二日のこの会がそうだった。〝木花咲耶姫ツアー〟を富士山麓で行うことにした。

本栖湖と富士山とみんな（山梨県）

河口湖駅で集合。地元の片山さん、九州からふーみんさん、兵庫から桑野さん&デコポン高田さん、岐阜から梅田さん、新潟から上村さん、あとは関東勢の、主催をしてくださったサラちゃん（サラ・トヴァイアス）&渋谷さん&ミカさん&相澤さん。そして後に『森の精《こ》』を歌うことになった松田さんが集結した。相澤さんと桑野さんと私の車三台に分乗し、まずは富士五合目に向かいスタート。

五合目の小御嶽神社に磐長姫が祀られていて、シ♭ツアーをやっている私としては、ぜひ挨拶をしたかったのだ。快晴の中、スバルラインは快適だった。

五合目の駐車場に着いた。私自身はかれこれ三十年ぶりだったが、今回やはり外国人が多くて驚いた。世界遺産になるとやはり違う。上を見るとまだところどころ雪があり、それが白黒のシャチのようなコントラストに見え、おもしろかった。

参拝を済ませ下山する。左回りで富士山を一周する。そして山中湖を除き、他の富士四湖すべてに寄り、湖畔を歩き水に触れることをした。中でも千円札になった本栖湖は良かった。味わい方も十人十色。この日本でも有数の氣&風景のいい場に溶け込んでいた。

最後は白糸の滝へ寄る。駐車場に着いたが、滝へ降りて行く前に参拝する神社がある。デビュー本『物語』に載せたが、ここにある熊野神社は瀬織津姫を祀る。こじんまりした社だが私は好きだ。みんなで参拝し、滝へ行進。この日の白糸の滝は特に氣が良かった。初めての人もいて感動していた。近くにいた方に全員の記念写真を頼んだが、いくつものオーブがきれいに写っていた（口絵3中左）。

夜は私の定宿でもある御殿場市の時之栖に宿泊。夕食もバイキングで、日本で（世界で？）二番目に美味しいと言われる（私が言っている）、地ビールの〝御殿場高原ビール〟も飲み放題。ここも十人十色で好きなものを食べ、好きなものを飲んだ。

翌朝、私は正装に着替えた。今日はツアーのメインである、東口本宮浅間神社（須走浅間神社）にて全員で正式参拝をする。昨年のことだが、参拝した折に神職さんにお願いしていたことが現実となる。『姫・シ♭』でも写真を載せたが、私は数ある浅間神社の中でここが

美之和神社（静岡県）

一番好きなのだ。ここの空気が一番。ここはとある霊能者の方が、某出雲大社分社で神前結婚をした私と瀬織津姫を、ここにいる木花咲耶姫が祝福してくれた社でもある（という）。まあ、霊能者の戯れと思ってくだされ。そういったことは関係なくとも、ここは本当に素晴らしい。参拝をお薦めする。

それから大乗寺の十一面観音を参拝し、昼食を取り、最後に同御殿場市にある美之和神社で、瀬織津姫様に感謝の参拝をしようと向かった。着いてみんなが鳥居の前あたりに揃った時だった……。

ゴロゴロ……

空が鳴いた。見上げると急に暗雲がモクモクと……。そういえば、この辺は一昨日、雹《ひょう》が降るほど天気が悪かったのだ。この二日間も本当は悪いはずだったのに、晴天に恵まれていたのだ。ここまでなんとか我慢してくれていたのか……と思い、参拝を済ませ御殿場駅に車で向かっている時、

コツンッ！

何かが私の車の屋根に当たる音がした。？と思ったが黙っていた。するとまたコツンッてした。私が「何か音したよね。コツンと」と言うと、サラちゃんが、「はい、しました。なんでしょう？」と、するとまたコツン！コツン！コツン‼　あ……、霰《あられ》だ！　雹だ！　急に本格的に降り出したのだった。それがあまりにも劇的だったので、みんな姫様の演出だと騒ぎになった。御殿場駅に着いた途端、そんなものでは済まされなかった。上空でダムが決壊したんじゃないかと思うほどの嵐となったのだ。もう傘も用を足さない。もう笑うしかない。全員が笑っての解散となったのである。姫演出に歓喜でこのツアーを終えた。

龍で始まり龍で終わる

六月二十一日。昨年の七月二十一日に神戸の龍郷で始まった、セオリツ姫・シ♭ツアーの最終会を迎えることとなった。これも不思議だった。会場をどこにするかで二転三転し、結局、スタートした龍郷に決まったのだ。神戸で始まり神戸で終わる。龍の郷から始まり龍の郷へ帰る旅だった。それもジャスト十一ヵ月。これも無意識でなったもの。もう慣れっこだが、こちらが流れのまま生活、決め事をしていてもすべてこのように操られている。サレンダーするしかないし、もうとっくにそうしている。なっている。

最終章の十三音目は、〝ド〟で瀬織津姫。マグダラのマリアで始まり瀬織津姫で終わる。本当に不思議なのだが、私が事を起こす時、スタートにこのマグダラのマリアが絡む。関係してしまう。デビュー本の『物語』も「マグダラのマリアは瀬織津姫」と記した。メジャーCDのデビューも『For Maria Magdalene』だった。無意識なのだが……。クリスチャンではないのに不思議だ。まあ、イエスはクリスチャンではないという言葉もあるくらいだから、イエスを信じていてもクリスチャンでなくても問題はないはずだ。

主催は、スタートのデコポン高田さんがやってくださった。彼女は現在、関西で一番多く主催をしてくださる方になっているが、今、考えてみれば彼女は、このシ♭ツアーの最初の〝ド〟のマグダラのマリアが、最初の主催デビューだった。彼女は多分だが、全国の読者&リスナーの中で、一番〝自ら神香を発する人〟になっている。だからと言って、これが一番悟っているとイコールではないところが、この世界の奥深いところ。あの世に行くまで、いかに謙虚で愛溢れる人でいられるかが重要。みんな限りのない修行の仲間。

第五章

ペレの祝福

ハワイ島・キラウエア

テイクオフ！　六月二十四日。成田を十九時五十分に離陸。『山水 治夫と行く瀬織津姫海外聖地ツアー第4弾　～ALOHAセオリツ姫～』のハワイツアーが幕を切った。南フランス、ケルト、韓国に継いでのもの。これまでの書に記しているが、どれもスペシャルで祝福された旅だった。

今回主催を、インラケッチさんとミカさんにやっていただいた。二人ともハワイが好きで渡航経験もある。インラケッチさんは数年前にカウアイ島へ。ミカさんは普段フラダンスをしておられるのだが、新婚旅行がハワイだったという。私だが、二十歳の時、初めての海外旅行がハワイだった。それ以来のワイハー。

今回、オアフ島、ハワイ島、カウアイ島の三島を満喫することにした。もちろん、四泊六日なので強行日程になる。主催の二人が旅行代理店と何度もスケジュール調整をし、組み立ててくれた。他、サラちゃん、シュガーさん、宮谷さん、ウッシーと七人の旅となった。

ハワイも多くの神がいる。そしてその物語もなんだか記紀のように？変（笑）。これが神のすることか？というような話がたくさんある。嫉妬、殺しなど、本当に記紀と似ている。それは置いておいて、とにかく一番意識する神はやはりペレだった。もちろん火の神。しかし、木花咲耶姫と似ているのだが、水の神の側面も持つ。ペレと数々の滝、そしてハワイにある神社を調べた。

午前八時二十分。ホノルルに到着。それからすぐ国内線ハワイアンエアラインズでハワイ島へ行く。みんなで国内線のゲートへ向かう。ハワイアンエアラインズの飛行機の尾翼に描かれているマーク、女性の顔が所々歩いている。ポリネシア人の顔はポリネシア人の顔。十二時半過ぎにハワイ島ヒロ空港に着陸。この島で二泊することになっている。ハワイ島には東のヒロ空港と、西のコナ空港がある。コナって、珈琲専門店でバイトしていた私にとっては懐かしい響き。ハワイコナという銘柄の豆。酸味の強い豆。

ハワイアンエアラインズ
（ハワイ・オアフ島）

今回の旅は、ヒロを基点とした。さあツアー開始。レンタカーを二台借りた。運転は私とインラケッチさん。昨年のセドナ以来の左ハンドル右側車線。また慣れるまで大変だ。日本語対応のカーナビも一台借りた。

最初に目指すは神社、ヒロ大神宮（旧・大和神社。一九〇三年にヒロ大神宮と改称された）だが、道中でセブンイレブンを見つけたので、まずはそこで、みんなテンデンバラバラいろんなものを買い食べた。私はサンドイッチ。やはりサイズが大きい。味付けが濃かった。やはり日系の人が多いからか、日本食も結構ある。ホッとする。おにぎりを買った人のを少し分けてもらったが甘い！　ハワイテイストにみな面食らう。でも笑っている。

今回のツアーでハワイにある神社をすべて参拝する予定。このハワイ島の一社。オアフ島三社の予定（これ以外に稲荷神社がオアフ島にある情報もあるが、今回は向かう前に確認できなかった）。当然、昔はもっとあった。分かっているだけで五十七社はあったようだ。日本からの移民が建てた訳だが、消滅したり合祀されてこの数になったのだ。日本と同じ。

ヒロ大神宮に着いた。ハワイで神社。うれしい……。

鳥居を一礼しくぐる。手水舎で浄め、参道を歩く。目の前に日本と同じ作りの拝殿がある。が入ると、あれ？　ここは?と一瞬思う。でも正面に大きな鏡がある。日本と同じ。ああ……分かった。椅子が教会のイスなのだった（口絵3中右）。やっぱりハワイだわ～とみんなで喜ぶ。

ここはハワイで一番古くにできたと言われている。いや、海外で一番最初にできたと言われる神社なのだ。一九六三年に津波で流され、現在のアーネラ通りに移されたとか。アーネ

ヒロ大神宮にて（ハワイ・ハワイ島）

ラって天使という意味らしい。祭神は、天照大御神以外に二柱とネットで書いてあったが、宮司さんによると、日本の神のすべてとペレなどハワイの神も現在は祀るとのこと。ということは、もちろん瀬織津姫も祀られているのだ！

今回、前もって正式参拝をお願いしていた。ミカさんが予約してくださったのだが、なんとＦａｃｅｂｏｏｋで宮司さんと繋がったという。世の中、変わったものだ。

正式参拝の前に宮司さんが大祓祝詞を上げてくださった。とても感動した。宮司さん曰く、後ろにいた我々の波動がものすごく、緊張してしまったと……。確かに、我々はこの地に来られ、最初に神社で正式参拝できることに喜びと感動で、身も心も集中していた。この後、奉納した『瀬織津姫』のシングルＣＤ（ＹＡＮＺＵ－０００５、又は００１０）が流された。

宮司さんも奥さんも気さくな方だった。日本語で会話できてホッとした。お守りを買った。袋は同じだが英語で表記してあったりと、なかなかハワイアン♪

ワイピオ渓谷にて（ハワイ・ハワイ島）

さあ、時間は限りがある。即スタート。主催者二人の提案で、次は一番遠いところに向かった。北へ。途中、ハワイ諸島で三つあるというカメハメハ大王の像もある。

慣れないナビを頼りにワイピオ渓谷へ向かった。慣れない左ハンドルで何度も右側のアスファルトをはみ出し、「ああ！　また！」と顰蹙《ひんしゅく》の連続。前にも後ろにも車がいないとなると、いつのまにか左車線を走ることも（笑）。第一村人を発見し、道を尋ねる時にも何度も左車線に停車してしまう始末……。本当にセドナで運転していたのか？と自分でも情けなくなるほどだった（もちろんインラケッチさんはそんなことはない）。そうこうしながらワイピオ渓谷に着いた。そこから眺める景観は、ケルトの旅のモハーの断崖を思い出させた（『愛舞』参照）。この断崖の下には、昔ながらの生活をしているハワイ原住民が住んでいるという。

島の中央に位置する聖なる山、マウナケア山に向かう。天文台もあるこの山だが、事前に調べた時に驚いた。ハワイ諸島の中で一番高い山であるのみならず、ここからだが、裾野にあたる海の底から測ると、10203メートルもの高さがあり、これはエベレスト山を抜いて世界で最も高い山となってしまうという。この10203メートルというのも面白い。

ワイピオからまたナビを設定して向かう。途中なんども車を止めてしまう。いたるところに溶岩が道路に迫り、初めて見る光景の連続だったからだ。スゴイ……。生々しい……交通量も少なく、快適なドライブ。真っ直ぐな道で、また「あれは何?!」っていう風景が目の前に現れた。前方の高いところに何やら白いものが見えているのだが、それが何か分からないのだ。最初は雲かな？と思って運転していた。みんなも雲ですかね～と。その内にあれ？あれは山？ってことになった。どうやら山のようだ。山に見えてきた。山だったのだ（口絵3右下）。それでまた路肩に車を止めてゆっくりと見ようとした。

「あっ！　虹！」

誰かが叫んだ。本当だ。左の地面から虹が出ている。途中で切れているのだが、が、そこからなんと白い色で虹が続いているのだ。これもみんなで驚き&感動。その後、運転を再開して走っているとやっと白い山が緑の山になった。どうやらこのハワイ島は、日本と違う次元があるようだ。周波数が違う……。ハワイにはハワイの調律がある。

そうこうする内に、左折しなければならない路地に入らず、行き過ぎてしまったことに気がついた。当初予定のナビのマイル数が徐々に減っていく中、途中から急に増えてしまったからだ。しかし、どこで曲がればよかったのか分からない。半信半疑のまま、ナビを見ると、25マイル先を左折しろと出ている、40キロ先のことだ……。おかしいと思いながらもそのまま進んだ。

やっとその左折の地点に着いた。ところが当初イメージしていた山の上に向かう上り坂とは違い、住宅街に入ってしまったのだ。これは訊かないとまずいと思い、ピンポンをし、住人にブロークン&ジェスチャーイングリッシュで訊くと、来た道を戻るように言われた。やはり25マイル戻ったあたりでどこかを曲がらないとならなかったようだ。日本でもあるが、曲がるところを曲がらずに直進すると次の曲がり角を使いUターンさせるわけだが、なんとこのハワイは、その次の道まで40キロも直進の道しか無かったのだ！　みんなに謝り、ひたすら戻った。ただ、真っ直ぐな道なので、日本の感覚より時間は短かった。その内に雨が降って来た。私の心にも雨が……。その内にだんだんと暗くなってきた。厚い雨雲があるし、夕暮れ時になってきたからだ。私の心も暗く……。当然みんなもそうだっただろう。私は多分何度もみんなに謝っていたと思う。

やっとナビが指示した右折の地点に着いた。薄暗く雨の中を曲がる。ひたすら上がると霧がかかってきた。次に完全に濃霧に。私の、「ごめんね～」の声もさらに重くなった。みんなは、「いいんですよ～」と慰めてくれる。

その時だった。魔法にかかったように突然、晴れた……。

一瞬何が起きたか分からなかったが、しばらくしてみんなが解った。そう、雲の上に出たのだ。やはり高山なのだ。雲の上はいつも晴れ。しばらく感動して上がり続けると建物が見えた。あそこがカーナビの目的地のようだ。駐車場も見える。私は今思い出してもなぜか分からないのだが、その駐車場を目指して走っているのに、手前にある空き地に急ブレーキ急ハンドルで右折した。インラケッチさんの車も続く。土のガタガタ道を進み車を止めた。なんだかそこで一旦車から降りたくなったのだ。そして降りた途端だった。

「あーっ！」

私も続いた。

「ああー！」

目の前にというか、眼下に見たこともないような色のグラデーションというのかコントラストと言えばいいのか、薄水色、オレンジ、青、白、黒……。こんな綺麗で、美しい夕焼けの風景は目にしたことがなかった（口絵3左下）。これは、今、この時、時刻でないと見られないのだ。左折しそこね、80キロのロスをさせられたのは、もしかしてこの風景を見せてくれるための姫遊戯だったのだろうか……。私が言わずともみんなそう思ったようだった。

もうすっかり満足して、ホテルへと向かった。真っ暗な中、延々と続く下り坂。本当に高いところにいたんだと実感する運転だった。市街地になり、信号で止まった。その時に、何か耳慣れないサウンドが聞こえた。

コピー……　コピー……

次に止まった時も聞こえる。私が口を開いた。

「何の音かね？　コピーって。信号機かね？　虫かね？」

「そうですね。さっきから私も気になってました」

と宮谷さんも言う。ホテルに着き、駐車場から入口へバッグを引きづり向かっていると、また聞こえてきた。

コピー……　コピー……　コピー……

連続して聞こえる。

「鳥かしら？」

と誰かが言った。フロントで遅くなりましたとチェックインをし、部屋にバッグを置き、すぐに近くにあるレストランへ遅い夕飯を食べにいった。みんなで適当にビールと料理を頼み、ホテルに戻った時にフロントレディーに訊いた。このコピーっていう音は何かって。すると、

「ああ、あれはコピーフロッグよ」

ええっ！　カエル?!　みんな一斉に驚き、庭の音のするところを凝視する、しかし見えなかった。フロントレディーはスペルも教えてくれた。ＣＯＱＵＩだという。つまり正しくは、コピーではなくコキーのようだ。結局このカエルさんを目にすることはできなかったが、部屋へ戻っても子守唄のように聞こえていた。

ゴクミにバッタリ

翌朝、コキーは聴こえなかった。どうやらこのカエル君は夜行性のようだ。今日は、待望のキラウエア火山へ行く。西南方向へ向かう。

火山の女神ペレは容姿は美しいが、気まぐれで＆わがままで、恋多く嫉妬深く、気に入らない相手はすぐに燃やしてしまう女神。我々は歓迎されるだろうか……と普通なら思うだろうが、私はまったくそんなこと微塵も思わない。もうすでに大歓迎を受けている。そう思っ

ている。

　バイパス11号。これまたみんなで笑う。私の数字、数霊がハワイでも現れる。ハワイ火山国立公園に入るゲートに着いた。まずここで10ドル払う。レシートで今後一週間、出入り自由に使えるという。しかし、今回この一回限りだ。キラウエア・ビジターセンターでトイレ休憩を済ませ、GO！　噴火口に近づいてくると道路の両脇から噴煙の煙というのか、蒸気がところどころ吹き上がっている。ここは、スチームベントと言われるところで、展望台に寄ってから帰りにゆっくりと見ることにした。

　展望台から雄大な火口を望む。煙が見えるが、夜中に来るとそれが真っ赤に見えるという。しかしスケジュール的にどうしようもない。諦めるしかない。資料館の中でペレの絵や、いろんな溶岩を見た。その中でもペレの髪の毛というのが面白かった。白っぽい糸のようなものが溶岩だという。空地中で冷えてできたというが、いろんな溶岩があるものだ。

　展望台を後にし、スチームベントを見学。硫黄系の匂いはあまりせず、あったかい蒸気が出続けている感じだ。そこには二つの穴があり柵がしてあった。道の反対側の草木の生い茂る中にも、何カ所もから蒸気があがっていた。あそこには行けないんだろうと思って眺めていた。で、次の目的地である、有名なキラウエアから出た溶岩が海まで達して、海沿いの道路を寸断したという観光名所・デッドエンドへ車を発進した。ところが発信してすぐに反対側の茂みに入っていく外国人が見えた。遊歩道があったのだ。再び駐車場へ戻り、みんなで歩いてみることにした。この咄嗟の判断？気まぐれも姫、ペレの誘導だったとは、後で分かったのであった。

遊歩道は快適だった。サルファー・バンクス・トレイルというらしい（ビジターセンターまで繋がっていると後で知った）。道の左右にところどころ穴が開いていて蒸気が出ている。ここは、スチームベントより硫黄分が多いようだ。穴にも黄色い色がこびり付いている。何回も茂みの奥の湯気の穴ところまで入り楽しんだ。遊歩道に戻り、この道はどこまで続いているんだろうね～って言いながら歩いている時だった。

サルファー・バンクス・トレイル（ハワイ・ハワイ島）

「あっ！　甘い！　甘い香り！」

私が叫んだ。そして後ろから来るみんなを手招きした。

「うわ！　甘い！　ホントだ！　姫様！」

姫はこんな蒸気の出る火山の地でもこうして祝福してくださる……。そして、やはり……そうか。ペレは瀬織津姫様なんだと確信した。

その時だった。前方からリュックを背負った東洋人の女性が歩いてきた。咄嗟に私は、

「コニチハ～」

と言った……。

「こんにちは！」

日本人だった。

「何かあったんですか?!」

そうだ、私たちが、上を見ながら手を上げ、甘い甘いを連呼しているので、不思議なことをしている人たちだな～と見られていたのだ（笑）。

「ああ、ほら！　甘い香りがするでしょ！」

「あれ？　ホントですね。何ですかこれ。どうして甘い香りがしているのですか？」

「ああ……これは……」

みんなが笑う。

「これちょっと説明するのに時間がかかるんです……」

みんながアハハ！と笑う。

「ええ～、僕、甘い香りを出す魔法使いなんです！」

みんなに大ウケ（笑）。女性はなおさら首をかしげる。

「まあその～、セオリツヒメという女神がですね～……　やっぱり時間かかりますので(笑)。ところでお一人ですか？」

「はい。もう一ヵ月ここにいます。近くのホテルに泊まってます。その前は家族で来ていたんですが、みんな帰り、私一人でここに残っています。ハワイが大好きで来た時はいつもこうして長期間います」

「へ～、一ヵ月も！　いいですね～」

「みなさんはどんな仲間なんですか？」

「あの～先ほどのセオリツヒメの……」

「ああ、あの、この山水先生が、いえ、山水シェンシェイが本やＣＤを出しておられるので、その読者たちなんです。私たち」

と、※ミカさんが説明をしてくれた。

「そうですか～。私は○岡から来たゴクミです。後藤久美子です。スイーツをやってます。よろしく！」

「え～、ゴクミさん！」

ラッキー！　ペレの祝福の直後に現れた日本人と、急に親しくなったのだった。当然、ゴクミさんも我々と過去世で強い繋がりのある人なのだ。そんなことはもうみな感じている。

彼女は車がないという。そして私たちがこれから南の海岸、デッドエンドへ行くと話すと、車がないので、まだ行ったことがないとゴクミさんが言った。

「もしよろしかったら、乗っていきますか?!」

「えっ！　よろしいんですか？」

と、このようにハワイ通の方にガイドしていただくことになった。ゴクミさんはインラケッチさんの運転する車に乗った。車内で私と瀬織津姫の解説をじっくりと聞かされ（笑）、なぜ甘い香りがしたかも理解したらしい。彼女が驚くのも無理はない。ここを庭のようにしている人が、よく通る道で初めての体験したのだから。

※ミカさん
ミカさんは私のトーク&ライブを、関東中心にたくさん主催してくださる方だが、彼女は無論、彼女のお子さんも甘い香りを体験するようになってきている。家族にも伝染しているのだ。

イキ火口で大地に眠る

デッドエンドへ出発。ゴクミさんが言う。

「そこへ行く前に、イキ火口があって降りられるんですよ。そこにぜひ寄ってからにしましょう」

イキと聞き、壱岐島を思い出した私だったが（『意識』参照）、駐車場に着き、噴火していた火口のマグマを写す看板を見た。ちょっと前まで噴火していたのだ。その火口まで降り、その上を歩くという……。

「その前に、向かい側にあるラバチューブを見ましょう」

そうそう、ラバチューブ（溶岩トンネル）のことは、事前に知っていた。ナチュラルスピリット社の出している『スターピープル』誌でも対談した、ヘミシンクの坂本正道さんが出版された『地球のハートチャクラにつながる』（ハート出版刊）にも書いてあった。溶岩が流れ、冷えて固まる時に、上の表面の方が先に固まってしまうため、中の溶岩が流れて空洞（トンネル）ができるといったものだ。下り坂を下がりトンネルの入口に立った。結構デカいな～。みんなで写真を撮りながら進み、半分ほどまで来たところで、ゴクミさんが、この辺にしてイキへ行きましょうとリードしてくれる。

イキ火口に立つ（ハワイ・ハワイ島）

上から見たイキ火口（ハワイ・ハワイ島）

みんなで二キロほどある火口へと歩き始めた。

「うわ～　あれですか……」

あの上を歩くのだ……。まだ蒸気の上がっているところが何か所も見える。熱くないのか？　人間が歩いているのも豆粒のように見える。蟻んこよりも小さい。歩いているところが少し白くなっている。人間って大自然の中ではこんなもんか……など思いながら下った。山の道は日光のいろは坂のようにUの字を書くようにクネクネしている。途中、何か所も近道の真っ直ぐな道があったりしたが、入っちゃいけないと立て看板があった。係員の必要な時だけの道らしい。最初はそうと知らず、近道を使ったりしていた。ハワイだから日本語の案内も置いていただきたいものだ。

ついに火口に立った。みんな感動！　蒸気の上がっている地面はまだ温かい。そしてそこが丸く円状になって少し陥没もしている。ここでジャンプしたら下まで崩れたりして……と、ビビッたが、そうっと大地に横になった（口絵4左上）。気持ちいい……。私はペレを意識した。ペレに抱かれているような感じ……。しばらく寝た。

驚いたのは、こんなところにも植物があったこと。オヘロという赤い実や、オヒア・レフアという赤い花。この花は、女神ペレが引き裂いた恋人達であるという有名な伝説がある。

その伝説は、

若くてハンサムなオヒアが南東部にあるプナの森を散歩していると、女神ペレが一目惚れした。オヒアに恋人になるよう迫るが、オヒアにはレフアという将来を誓った恋人がいたのでペレの申し出を丁重に断った。それにペレが激怒した。そしてオヒアをプナの森に生える木に変えてしまった。レフアは、いつまでたっても戻ってこない恋人オヒアを探し、泣きながらプナの森を彷徨う。レフアが泣く度に雨が降り続き、プナに太陽の光が差すことはなかった。神々が嘆き悲しむレフアから事情を聞くが、神々ですら木になったオヒアを人間に戻すことができなかった。その代わりに、レフアをその木に咲く赤い花にすることで、オヒアと再び一緒になれるよう取り計らったという。

さて、この広い火口のどこまで歩こうかとみんなで相談した。時より出会う外国人と会釈しながら奥に進んだ。

前方に煙が出ている山がある。もちろんゴツゴツした溶岩の山。黒、茶、赤といろんな色が混じっている。そこに上った。みんなが上ってきてしばらく座って、ただただ広い周りを眺めていると、ウッシーが「ヤンズさん、ここに入ってください」と言う。そこは、結構大きなクレパスで、大地が裂けている。蒸気も吹き上がっている。ウッシーの顔を見てわかるが、神がかりになっているようだ。

「おいおいウッシー、火傷したらどうするんだ。大丈夫か～？」

「ヤンズさん、大丈夫です。入ってください。続いてミカさん入ってください」

恐る恐る裂け目を降りていった。モクモクと出てくる蒸気だが、見た目ほど熱くない。どんどん降りていった。すると蒸気が無くなった。

「おう、大丈夫だよ」

「ヤンズさん、一番奥でお祈りしてください」

言う通りにした。手を合わせた。上ではウッシーが竜笛を吹いている。続きミカさんが祈り、全員が入った。口絵4右上はインラケッチさんが祈っている写真だ。

やることはやったと言う充実感で、戻り歩いた。ちょうどお昼の時間だったので、全員黒

デッドエンド（ハワイ・ハワイ島）

い大地に座りサンドイッチを頬張った。まさかこんなところでランチタイムをおくれるなんて、最高だねって。

さあ、デッドエンドへ行こうと山道を上がった。途中、宮谷さんにず～っとバニラの香りが降り注いでいたという。もう感動の宮谷さん。本当に参加されて良かった。

海まで下る道は、もうこのハワイ一の思い出だったかもしれない。二カ所展望台があったが、それ以外に何回も車を路肩に止めた。それほどの絶景の連続だった。上の大地から流れ落ちる溶岩の固まった様は、地球は生き物なんだと思わせるに十二分《じゅうにぶん》だった（口絵４右下）。

デッドエンドの駐車場に着いたが、そこから実際に溶岩が道をせき止めたところまで、徒歩でかなり歩くようだった。やはりここは一級の観光地のようで、人もいっぱいだ。オレンジ、グァヴァのジュースを飲みながらひたすら歩いた。エンドで感動しながら一休み。そしてUターン。

その頃、ゴクミさんとその後の予定を相談してた。我々はこれからヒロに戻り、アカカの滝、レインボウ滝を見に行くと話した。ゴクミさんとは、これでお別れの予定だったが、もしよろしかったらご一緒したいと、滝に同行されることになった。そしてそれからだが、またキラウエアに戻り、暗闇の中に真っ赤に映える火口を観ようということになったのだ。ただ、ゴクミさんは時間的に難しいと言う。ゲートの閉まる時間があるそうで、アカカ＆レインボウとの往復では無理でしょうと。

「いや、大丈夫ですよ。行きましょう」

と、言い放った私はスタートした。今度は上がり道。途中、やはり何度も路肩に車を止め、溶岩の大自然を見た、眺めた、写真を撮った。

11と220・アカカの滝から香りが

ゲートを出て右折。11号をひたすらヒロへ。アカカへも何度も迷う。住宅街のまた左車線に堂々と車を止め（笑）、ブロークン＆ジェスチャーでアカカへの道を訊いた。実はカーナビに慣れず、なかなか設定が上手くいかなかったのだ。

教えてもらった道に行くと、また私たちが驚き感動するものが待っていた。それは数霊。アカカへの道は220号だったのだ。よくぞここまで……、神の芸は細かい、なんて言うと

アカカの滝への道
（ハワイ・ハワイ島）

叱られるかな？　読者の方もそろそろなんだか偶然にしてもいやに多いなと思ってきただろうか。実はもっと驚嘆することが直《じき》にやってくる。

　アカカの滝の駐車場に着いた。急げ急げ。少し日が傾いてきた。ここには二つの滝がある。本命のアカカは左側だが、右にカフナの滝というのもあるそうだ。ここまで来たからには全部拝ませてもらおうということで、右に向かった。途中、現地の観光客とすれ違い挨拶すると、英語を全部理解できなかったが、この先にある滝は大したことがないから、行かなくていいよと言っているように聞こえた。しかし向かう。途中、少し窪んでいるところにきた時、コキーッ、コキーッと聞こえた。ここにもカエルちゃんがいる。みんなで喜んでいる時だった。フ～ッと甘い香りが来た。それを告げると何人かが分かった。で、結局カフナは現地の人が言うように、展望第の柵から少し見えるだけで、言われた通りだった。まあいい。では本命アカカへ。

　みんな早歩きだったが、この森とも言える遊歩道を歩いた。そして見えた。本当だ……。話には聞いていたが、ここは日本の那智の滝とそっくりだと。ホントそっくり！　しかし、こちらは１３０メートルを超える滝で、那智より30メートル以上も高い滝だ（口絵４中左）。

みんなで感動していたその時、

フ〜〜〜

来た〜！　なんと滝から甘い香りが吹いてくるのだ。みんな錯乱状態！　姫様〜！　ワ〜ワ〜言いながらそれぞれ滝に向かい参拝した。するとミカさんが『瀬織津姫』の歌をみんなで歌いたいと提案した。みんなで歌った。ゴクミさんは聴いてくださっていた。記念写真も撮り、さあ、出発。

キラウエアにもちろんすぐに向かっても良かったのだが、私は時計と腹時計とをニラメッコし、「レインボウ滝へ行こう！」と号令をかけた。レインボウ滝は市街地の中にある滝で、早朝などに行くと運よく滝に虹がかかる時があるという。そんな贅沢は言ってられない。とにかく参拝させていただく。市街地なれど多少迷い、やっとこさ着いた。そんなに大きな滝ではなかったが、虹がかかるとやはり感動するだろうと思った。

「では、みなさん。キラウエアに戻りますよ〜！」

再び11号をひたすら走った。ゲートに着いた時にはもちろん真っ暗。しかし間に合った。ビジターセンターを過ぎ、真っ暗な中、駐車場へ着く。ほう……かなりの車の数。やはりみんな闇に映える赤いマグマを観に来ているのだ。そして本当に赤い(口絵4中右)。これでやっとキラウエア火山に来たと言えるな～と思った。やはりこれを観なくっちゃ。すると突然、宗教歌のような合唱が始まった。チャントと言い、ペレを称える歌をみんなで唱えているのだ。ここは、昼は観光地で夜はアシュラムになるんだな～。適当に勘で合わせて口ずさむ私だった。

ペレ（姫）……。ありがとうございます。

安堵をして感謝のゴクミさんを送る時がきた。ゴクミさんの滞在しているホテル近くのガソリンも売っている雑貨屋まで送った。が、閉店してしまっていて真っ暗だった。真っ暗闇《くらやみ》。その時、空を見上げた。（うわ…………）星がいっぱい……。こんなにたくさんの星を空に見たことがない。空にはこれほどまでたくさんの星がいたのか……。さて、とっくに夕飯時も過ぎているが、ホテルへと帰る。途中、車内から星空を見上げていたサラちゃんが、ＵＦＯがいる！と叫んだ。何人かが見たようだった。

ホテルの近くの昨夜入ったレストランに行ったが、もう閉まっていたので、近くのファミリーレストランまで行き夕食を取った。そこでビールを飲もうとしたのだが、ここはファミリーレストランだからありませんと言われた。そうだ、これがファミレスの基本なのだ。日本も以前はそうだったが、いつからかビールが登場したのだった。

ホテルでまたコキーカエルがお出迎え。コキちゃんにお休みを言い、今日の良き日に感謝して眠りについた。

翌朝はゆっくり起き、レンタカーを返し、十一時十分（１１１０）のハワイアンエアラインズに乗り、オアフはホノルルへ戻った。そしてまたすぐにレンタカー屋へ。今回のツアーはこれを繰り返す。

木陰で昼食（ハワイ・オアフ島）

今日はこれからオアフ島のマノアの滝へと向かう。それが大変だった。ハワイ一の都会、ホノルルを中心として車で動かなくてはならないのだが、同じレンタカー会社のカーナビが昨日のとは違っていて且つ、しっかりと作動しないのだ。

ハイウェイを使ってのドライブ。交通量も半端ではない。もちろん東京で慣れてはいるが、初めて走る未知の道をイカレタカーナビで出てしまったので、てんやわんや。ナビは無いと同然で、みんなに地図を見てもらいながら口で説明を受けたりして運転した。一番困ったのは、後ろを走るインラケッチさん。高速で急に出口への車線に変更したりした私に必死に付いてきてくださった。申し訳なかった。

何度も止まり、間違いの道を通ったものの、そこにあったピザ屋で買ったピザを、また間違って入った路地にある木陰で食べたりと、それなりのマニアック仕様になり、いい加減さを味わいながらの時空となった。すべてが楽しかった。昼食を終え、あの三角が三つ連なった山だろうということで、勘でその山に向かって運転していった。なんとか地図通りのところに来られたようだ。看板も出てきた。

マノアの滝へ（ハワイ・オアフ島）

文字通り四苦八苦しながら駐車場まで着いた。このマノアの滝に関しては、ちょうどハワイに来る前に読者&リスナーのMOTOMIさんがハワイに滞在中で、事前調査をしてくださっていたので助かった。結構、蚊にさされるという情報もあったので、みんなで虫除けスプレーをかける。トイレ休憩後、小一時間かかるという山道に入った。なんだかジュラシックパークのような自然。シダ類も木々も大きい。ここはホノルル近郊ということもあり観光客が多い。すれ違う度に「ハロー」とか「ハ〜イ」と挨拶を交わす。昨日雨が降ったらしく所々ぬかるんで危ない。ところが結構サンダル履きの外人さんが多く、たまに転んでいる。それで捻挫をしている人もいる。本当に滑りそうなところは、みんなで手を取り合い進んだ。

ついにマノアの滝が見えた。ロープが張ってあり、滝の元へは入ってはダメだと書いてあるが、白人の若者たちが入ってキャーキャーやっている。しょうがないな〜と思いながら、我々はロープの少し下から参拝し、そしてまたみんなで『瀬織津姫』を歌った。私のリクエストでミカさんにフラも踊ってもらった。とても良かった♪　日本では通常フラダンスと言ってしまうが、この世界ではダンスを付けず、フラが正式だそうだ。こういったことはその道の人に聞かないと分からないものだ。

マノアの滝（ハワイ・オアフ島）

帰り道は下り坂で、なおさら滑りやすく気を付けた。駐車場へ近づいてきた時のこと。あれ？　あれは何？　とみんなが注目したものがあった。青い……。真ん丸の青いものがたくさん落ちている（口絵4中央）。行きにも気づいていた人がいた。それをすぐにネットで検索した人がいて、これは菩提樹の実だということになった。その皺くちゃな種から数珠を作るという。その後、かなりしてから（第十章のインドへの五回目の旅にて）、それは菩提樹ではないと分かったが、不思議で美しい色をした植物と出会った。

ちなみに、この往復の間、何度も甘い香りが降ってきていた。もちろんお花のまったくないところで。感謝。


この日は、これにて観光はお終い。今日泊まるホテルへと向かった。ここからがまた大変だった。相変わらずカーナビがいうことをきかない。ホテルの住所を入れても案内なしで、結局、地図と勘で進むのだが、ここは大都会。信号も車線も多い。何度も間違えながらの運転となり、ついにインラケッチさんの車と離れてしまったのだ。電話も通じず困った。しかし、こちらはホテルの近くまでなんとか来ていたようで、ホテルの駐車場に車を止め、インラケッチ号をただただ待った。すると十五分ほどしてなんと現れたのだ。人に訊いて訊いての繰り返しでたどり着いたのだ。人間って賢い！

チェックインし、みんなで買い物に出かけた。なんだかワイキキの街は、新宿歌舞伎町のような感じがした。私はアロハを探した。大型デパートの横にあるバザール？のような通りで見てみた。空港のショップで見た時は一万円ほどしたので買わなかったが、なんと、同じように見えるものが千五百円！　即買った。真っ赤な生地で白いハイビスカスのものを。

そして、ここホノルルのホテルでまた二泊するのだが、コンドミニアム形式の部屋を女性群の部屋にしたので、夕食は付けず、自分たちで買い物をし作ることにしていた。それで、ツアーの前からホノルルでは私が料理を作ることにしていたのだ。

スーパーに入り、みんなで楽しいお買い物。もちろんビールもたくさん。今日はステーキを焼くと宣言し肉を買った。味付けはバター、ニンニクと塩コショーのみ。久々の料理だったが、肉が美味かったのか美味しくでき、みなさんに喜んでもらえた。あとはピラフを一人前ずつ作り食べていただいた。みなさんへの普段の感謝と恩返しをした。サラダはインラケッチさんの提案で、オリーブオイルと塩だけのもの。もちろん塩は岩塩だが、これがまたハマった。帰国してからマネしたくらいに気に入った。

奉納で発光

二十七日。四日目のこの日は、ホノルルから日帰りでカウアイ島へ観光しに行く。往復をまたハワイアンエアラインズで。リフェ空港に着いた。またすることはレンタカーを二台借りること。ここでまずこの写真を見ていただく。我々がまたまた数で感動したものがあった。とっくにお手上げだが、それでもなお追い打ちをかける姫様。「この二台です」と係員に駐車場に連れられ、キーを渡された時。私たちは笑った。２１１と２０２、駐車場に数ある車

レンタカーの奇跡（ハワイ・カウアイ島）

の中でこれが選ばれる……。

もうカウアイ島の旅も祝福されていると思うしかない我々だった。この島ではインラケッチさんの代わりに、ウッシーが運転した。彼には奴奈川姫《ヌナガワヒメ》ツアー（『意識』参照）でも運転してもらっていた。

カウアイ島は、インラケッチさんが体験していたので、観光地を厳選してもらっていた。メインは、太平洋のグランド・キャニオンと言われるワイメア峡谷州立公園。リフェが島の東側で、そこから一気に西側にあるワイメアまで行く。その前に、空港からそんなに離れていないヒンズー寺院に寄った。ハワイにインドのヒンズー寺院があるとインラケッチさんに聞き、「ヤンズさん、行きますか?」と訊かれ、「はい。もちろん!」と答えた私だった。ここには、アースキーパーと言われる世界で三つしかないという巨大な水晶があるという(内、一つは日本の四国にある)。インドへよく行く私は、ここへ行けることに喜んだ。

ヒンズー寺院にて奉納
（ハワイ・カウアイ島）

今回のカーナビは大丈夫だった。道中、オパエカア滝を見て難なく着いた。寺院は静寂に包まれていた。一番奥にある建物にアースキーパーがある。そこで信者がアースキーパーを前にし、瞑想をしたりバジャン（宗教歌）を歌っていた。参道には、古代のプラーナの固まりで、溶岩とともに隆起して出てきた青く透き通る石があった。思わず触った（口絵5中右）。祭壇のアースキーパーには花飾りがかけられている（写真禁止）。インド特有の飾りつけだった。しばらくいた後、外に出てから、私はみなさんにCDを奉納するから少し待っていてと、お願いした。

それを左奥にある事務所のように見えるところにいた、リーダー的に見える長身の白人に渡した。その方はありがたく丁重に私の話を聞いてくれ、『瀬織津姫』の奉納CDを受け取ってくれた。インドでサラスワティーである、日本の水の神様の歌だと伝えた。

その時だった。私の身体が青く輝いていたそうだ。青く発光しているのが見えたという。サラちゃんとミカさんが見た。この時の様子をサラちゃんが、後にブログで書いていた。それを抜粋し載せさせてもらう。

４日目はカウアイ島へ

まずは有名な寺院へ向かいます♪
この寺院にはアースキーバーが置いてあります（^^）

豊かな緑のアーチの門をくぐると、
一瞬時間が止まったような…静止状態の時空間が……

合気道の稽古で〝静止〟の状態を習いますが、
空間が〝静止〟した状態を体感する、と言うのは、
初めてだったかもしれません。

そしてこの寺院で、不思議な光景を観ることになったのですが、

山水先生が寺院の方にＣＤを奉納されている時、
青紫のエネルギー体が現れ山水先生を覆い、

ＣＤを伝って、相手の方のに伝播している光景を目撃しました……

初めに気が付いたのは、ご主催のＭＩＫＡ様でたまたま近くにいた私に教えてくれました。

Ｍ「サラちゃん　山水先生の周り青くなっているよ」

Ｓ「え！　あっ！ほんとだ！　写真にとらなきゃあ〜　間に合わなかった……」

裸眼ではっきりと見える状態だったのが驚きです。

山水先生の手がＣＤから離れたときに、その青紫のエネルギー体も「スー」薄れていきました。

ヒンズー寺院内の像
（ハワイ・カウアイ島）

この青紫のエネルギーは姫様だったのではないかと
思いました。

帰国して、
この状況を詳しくリーディングさせて頂きました所、
こちらの寺院に保管されているアースキーパーの
クリスタルエナジーと関わりがあるそうです。

5月に木花咲耶姫ツアーで富士山五合目の
磐長姫様を祀る神社に行きましたが、
富士山の地中深くにはある銀河由来の
アースキーパーが存在しているそうです。

青この青紫のエネルギー体は富士山のアースキーパーの
エナジーであり、

富士山アースキーパークリスタルの情報を山水先生から
ダウンロードし、この寺院の情報と融合させていたそうです。

山水先生は富士山の地中深くに存在するアースキーパーの
情報をご自身のコーザル体のエネルギー領域に保管し、
CDと共に情報を提供されていました。

山水先生の今後としては、

身体のある部分が作動し、
ご自身がアースキーパーとしての御役割を果たされていく事に
なるそうです。

というか既にそのような状態とのことです。

この青紫のエネルギーをご主催のＭＩＫＡ様と私の
〝二人〟が見たことは姫様のお気遣いだったような気がします。
一人だと信憑性の問題があるけど、
二人だと間違いないですよね(*^_^*)

カウアイ島は原始の自然豊かな島でした。

ＵＦＯの日にＵＦＯ

実はこの二十七日は、ハワイのみならず、地球でも特別な記念日であった。まずはこれを読んでいただく。（入手ルートはネットです）

５月28日に公式に復活したハワイ王国代表が、ＥＴ訪問者の寄港所を設けると発表した。今回のサンクチュアリー設置は２回目で、今回ＥＴを当地への着陸を歓迎して平和的関係を築くことを目的にしている。

１９６７年６月、前カナダ国防大臣ポール・ヘリヤー氏によってカナダ、アルバータ州に最初のＵＦＯ着陸地が開設された。

今回のハワイ王国の宣言では宇宙の訪問者との友好関係樹立を宣言します。宣言の前文では、伝承によれば、ハワイはプレアデス星団から地球に最初にやって来た土地がハワイであるとしている。

「ハワイ・スター・ビジターサンクチュアリー宣言」で、ハワイ最大の島のプナ海岸のカラパナ地区にＥＴ専用に着陸が可能になる。

この宣言では４つの事項があり、ひとつはＥＴがハワイのこの専用地に立ち寄れること、２つはハワイ王国とＥＴは友好関係を確立すること、３つ目は一般市民に対する宇宙の訪問者に関する啓蒙教育を行う、４つ目はＥＴのテクノロジーは、全人類と海洋生物及び地球の利益のために理解され、発展されなければならない。

ハワイ王国は米国政府に認証されず、ハワイの人々の権利は長い間侵害されていた。しかし、１９９３年11月23日ビル・クリントンによって正式に認められ署名された。従って、この宣言はハワイ王国によって法的に正式保護の対象になる。

この宣言の公式セレモニーが、ハワイの伝統に則って６月27日（金）に予定されている。

まさに、この日にここカウアイ島に我々は立っていたのだ。２１１、２０２カーはゴーウエスト。ひたすらワイメア渓谷に向かった。山に向かって上り坂になってきた。だんだん近づいているのだろう。所々、ワイメアの特徴でもある赤土が目立ってきた。セドナが懐かしい（『意識』参照）。その時だった。思わず車を止めたくなり路肩に寄せた。他に数台止まっている。左手の空間すべてが真っ赤。セドナより赤い。その中を小川が流れている。車から降り、みんなでそこに行った（口絵4左下）。小川まで行き、水に触れた。

「あっ！　甘い香り！」

ミカさんが叫ぶ。ミカさんのところにピンポイントで降ってきているのだろう。ではそろそろと車に戻ろうとしたら、（きた……）。私のところにもピンポイントで甘い香りがきた。もちろん「スイート！　スイートフレイバー！」って叫んでいる外国人はいない。我々だけだった。なぜ姫様はこんなにも祝福してくださるのだろう……とまた涙が出るほど感謝。

感動の寄り道からまた発車。ようやくワイメアの駐車場に着いた。たくさんの観光客がいる。カウアイ一の観光地だ。みんなで展望台に行き眼前の絶景を見ていた。

その時だった。草のような藁のような……、一本の薄茶色の植物のような物がフワフワと風に乗って私たちの前方に浮かんでいた。みんなで気がつき、あれはなんだろう～？と話題になった。しばらくしてもまだフワフワ風に乗っていた。私は絶景の写真を何枚も撮った。左の方には滝もあるが、とにかく赤と緑のコントラストが美しい。

帰国してからパソコンにデジカメの画像を取り込むと、一枚にUFOとしか思えない、金色のエイ?のような形をしたものが大きく写っていた（口絵5右上）。これをミカさんに話すと、

「えっ?!　UFO歓迎記念日にUFOが現れたんですね。そういえばヤンズさん。あの時にフワフワ浮かんでいた不思議なものがあったじゃないですか、私、あれをズ〜ッと見ていたんです。あれ、あの後、フッと消えたんです。あれUFOだったんだと思います」

ポイプーの汐吹
（ハワイ・カウアイ島）

「えっ?!　そうだったの。確かにあれは不思議なものだったよね〜。じゃあ、あれはカモフラージュUFOだったんだね！」

このようにUFOも（異星人・ETも）、ハワイが気持ちを投げかけるとこうして実際に答えるのだ。ここからだが、同様に、神も私たちが気持ちを向けると答えてくださるもの。私の瀬織津姫シリーズを読んでくださっている方は、もう充分解ってくださっているだろう。

五分間の海（ハワイ・カウアイ島）

ワイメアを後にし、ストアーに入り、サンドイッチなど昼食を買い、頬張りながら旅を続けた。ここカウワイ島も味が濃い。

小人族が作ったという伝説のメネフネ水路、ククイ・オ・ロノへイアウ跡、そして海岸沿いに出て、海にあるポイプーといういわゆる汐吹を見た。次はワイルアの滝へ向かう。海岸線を運転していると、海水浴をしている人が見えた。

（そういえば、ハワイに来て一度も海に入ってない。触れてない……。普通ハワイと言えば海だろう……）

咄嗟に私は五分でもいいからここでみんなと海に触れようと閃いた。これはとても良かった、みんなもキャーキャー！　喜んでもらえた。ゼロとたった五分でも違うものだ。これでワイハーで海に入ったと言える！

次に向かったワイルアの滝、この滝も行ってみたかったのだ。実はハワイ島で飲んでいたあるビールにもこの滝に立つ女性のラベルが使われており、美しい滝だな～と見ていたのだった。その本物へ行ける。このカウアイ島の残す観光予定地はこの滝とポリアフ・ヘイアウ。ヘイアウとはハワイ古代宗教の祭祀場のことだ。

民芸品
（ハワイ・カウアイ島）

ワイルアの滝は美しかった（口絵5左上）。ビューティフル……。落差は六十メートルでそんなに高くはないが、美しさでいえばかなりのもの。日本で、私が美しいとすぐに思い出すのは、そう、エミシは岩手の桜松神社のご神体の不動の滝。あれも美しい。私の姫の原点である。

ワイルアの滝の小さな駐車場の手前で、浮浪者に見える？おじさんが民芸品を売っていた。買わなかったが、とても素晴らしいものだった。この笹で編む民芸品は、この島の文化でもあるという。写真を撮っておいて良かった。なんとこのバッタはこの後に飛んだのだ。ウソ。

ここからは、ヘイアウへ行き、レンタカーを返し空港へ行くだけのスケジュールだったのだが、ここでミカさんから、

「すみません！　携帯を無くしたのですが、どうやらヒンズー寺院のトイレで置き忘れたんだと思うんです。寄れませんか？　時間がないですか？」

と、相談された。時計とニラメッコ……。

よし了解！　と、ウッシーの車にみんなに乗ってもらい、先にヘイアウへ行ってもらった。

ミカさんと私は超特急で寺院へ。確か、ハワイって制限速度ないんだっけ？　そんなことはないか……。とにかく制限速度内で急いだ。

まず、これは賭けだったが、寺院に人が残っているかが第一の関門だった。とにかく向かった。決めたからにはそれに全力を費やす。第二関門はもちろん、そこにあるかどうか。

着いた。人がいた。名前は〝シャーマン〟という女性だった。彼女は優しい人だった。事情を話すと、「カムイン♪」と入れてくださった。まずはトイレに行ったが無い。この時に私は脳裏に、あのアースキーパーのアシュラムにあると浮かんだ。シャーマンは、次々と可能性のある場所に、連れて探してくれたが無かった。その時に「アシュラムに……」と言おうと思ったら、シャーマンがアシュラムにミカさんを連れていった。結果、あった！　シャーマンにお礼を言い即、ヘイアウに向け出発。なんとか時間は大丈夫そうだ。制限時速内超特急で急ぎ、ヘイアウに着いた。待ってくれていたみんなに携帯があったことを告げ、数分で観光した。この石垣の中でどのような祭事をしていたのだろうか……。空港へと飛ばした。

無事、十八時五分の飛行機に乗れ、ホノルルホテルに着いた。そして再び私はステーキを焼いたのだった（笑）。そして、女性群がラタトゥイユという地中海料理を作ってくれ、この夜もみんな満喫ボーイズ＆ガールズ。シュガーさんも美味しい楽しいと、連呼し喜んでいた。

最後にやはり虹

本当に充実したハワイの姫旅も最終日の朝が来た。なんだか寂しい思いもする。昨夜借りたレンタカーのカーナビは大丈夫だった。今日はオアフ島に残る神社のすべてを回る予定。まずは石鎚《いしづち》神社を探した。割と大きな道路に面してはいたが、やはり数回ウロウロしてたどり着いた。着いてまず驚嘆した。鳥居の前にバリケードが……。これはないでしょ……。鳥居さんが、神社が泣くよ……とみんなで話した。横からなんとか入ると神職さんではないのだが、任せられているという日本人の男性がいた。当然、バリケードのことを訊いた。すると意外な話だった。それは、今日は自分がいるから大丈夫で横から入れるようにしておいたが、普段留守の時は、泥棒に入られたり、ホームレスの人が住んでしまうので、こうするしかないんだと……。ホノルルの治安は本当に悪いので仕方がないんですと言われたのだ。一同びっくり&しんみり。大正二年に愛媛県西条市の方が建てたとのこと。松山から参加の宮谷さんが喜ぶ。祭神は石鎚毘古命。

石鎚神社の鳥居（ハワイ・オアフ島）

石鎚神社の住所（ハワイ・オアフ島）

次のハワイ大神宮へ向かおうとした時だった。「ヤンズさん！あれ！」という声がして見上げると、おお……、ここでもか〜とまたもや感動。どこまで続くのか……。ここの住所が２０２０だったのだ。

ハワイ大神宮の住所をナビに登録し、スタートした。ここはヌウアヌ・パリ・ハイウェイという大きなバイパスの途中にあるようだ。そのバイパスに出て山に向かって上がる。そろそろ右側なのだが、右折する信号がない。それでかなり行き過ぎてしまってからあった信号を曲がり一本脇にある細い道を逆戻りして探すことになった。するとそこはとってもいいところだった。道路の樹で覆われている。左には渓流が流れている。その内に観光の車がいっぱい止まっていた。ここは自然溢れる観光地の一つのようだ。私たちも寄ろうと路肩に止めた。妖精の森みたい。木々の中を通り川に出た。数日前の雨で水は濁っていたが、マイナスイオンたっぷりで、迷走したおかげで森林浴もでき良かった。

で、神社だが、それから十分ほどウロチョロしてやっと見つけた。おお、〆柱だ。ハワイでもあったか。これは四国、山陽特有のもので、鳥居の上の部分がない、二本の柱だけの鳥居だ。ちゃんと〆縄はある。そして『布哇』。この字はもしかしてハワイって読むのか？　そうだった。なんだかカエルのイメージがする文字だな。

　拝殿の右横に社務所というのか住居があり、靴も置いてあり、どう見ても人がいる雰囲気なのだが、何度呼んでも返事がないのだ。私は居留守を使っていると感じた。出ないものはしょうがない。ご挨拶をし、ＣＤも奉納したかったのだが、拝殿内に置かせていただくことにし、みんなで参拝をした。ウッシーは龍笛を吹いた。やっぱりいいね～♪　吹き終わった時だった。「ハックションー！」と住居から大きなクシャミが聞こえたのだ（笑）。笑ったね。まあ、日本国内でもたまにあるのだが、人間＆人生いろいろ。

　それからまた出発してもよかったのだが、横に大きな公園があったので、そこでトイレ休憩も兼ねて散歩をした。驚いたね。公園の樹の大きさに。どデカイのだ。これまでの森でも感じたが、ハワイの木は日本の木の大きさとは比でないくらい大きい。そうか……、冬がないから、伸びっぱなしなんだと合点がいった。

ハワイ大神宮の〆柱（ハワイ・オアフ島）

金刀比羅神宮と大宰府天満宮の鳥居
（ハワイ・オアフ島）

金刀比羅神社・大宰府天満宮へ向かう。これがまたなかなかたどり着けない。近くに着いてはいるのだが、一方通行があったりと、何度も二台でいったりきたりを繰り返し、やっとの思いで着いた。着いてから分かったのだが、私たちは本当にラッキーだった。ここもしっかりと門があったが、今日は開いていた。土曜日だから。旅のスケジュールを決める時にはこのようなことは頭にも無かったので、平日に組んでいたら、まず二カ所は参拝できなかったのだった。

　ここは金刀比羅神社と大宰府天満宮が一緒になっているのだが、合祀とはまたちょっと違って、同じ敷地内にこの二社がしっかりとあるって感じ。日本でもたまにある。そして日本にいる時から興味があったのは、この中に大瀧神社というのが合祀されていると知ったからだった。そしてやはりあった。大宰府天満宮に中にちゃんと「広島県大竹市御鎮座」と書いてカラー写真が額に入れ飾ってあった。祭神は湍津姫《タギツヒメ》。これも瀬織津姫のことだが、宗像三女神の一姫である。ハワイで探した結果、唯一姫と関係ある神社だった。門があいているのに、昼食に出かけていたのか無人だった。お守りも、お金は封筒に入れて郵便受けのようなドアの穴から入れるシステムだった。ホノルルなのに呑気だが、ちゃんとみんなそれぞれお買い物をして入れた。私はＣＤも奉納し入れた。

出雲大社の狛犬とレイ
（ハワイ・オアフ島）

さあ、最後になったが出雲大社へと向かう。ここはあまり離れていないようだ。出雲大社だけスムーズに探せた。つまりかなり開けたところにあるということ。かなり広い公園の隣だった。駐車場に止め、拝殿に向かう。狛犬が可愛い。レイを首にかけてある♪　ハワイらしいね。十メートルくらいの石段を上がり拝殿の中に入った。

うわ～。アッハッハ！　拝殿正面の上が光っている。鏡ではない。神紋が電気のネオンになっているのだ。こんなの初めて見た。今のところ日本いや、世界で一つ。停電したら困るな。

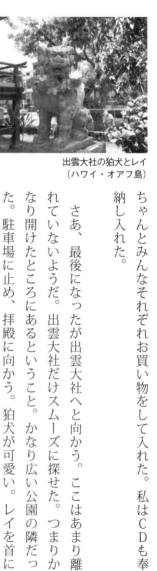

「何しているのですか！」

突然、袴姿の神職さんが怪訝な顔をしてやって来た。日本人だ。ここからは入らないでと書いてあるでしょうと、注意しに来たのだ。いきなりのことだったので驚いたし、私を含めこちらは誰も叱られるようなことをしている人はいなかった。キツネにつままれたような気持ちになったが、奉納するものがありますと話すと、少し柔和になってくださり、ではあちらにあるオフィスにいらしてくださいと言われた。

そこはいわゆる社務所なのだが、鉄格子のように頑丈なドアの上には、IZUMO OFFICEと書いてある。CDを持って入ると、先ほどの神職さんと日本人女性が。そこでいろいろ話を聞けたのだが、社務所から防犯カメラで拝殿内を見れるようになっていて（実際にあった）、それを見ていると、私たちが（実は、私だった！）、これ以上奥に入ってはダメだと書いてあるところから入りそうに見えたので注意をしに行ったとのことだった。ああ……と思い出した。実は、拝殿に入ると、高さ一メートルほどの木の柱が二本立ててあり、それを二メートルほど離し、植物の葉をレイのようにしてというか、〆縄のようにと言った方が分かりやすいだろうか、かけてあったのだ。フラをやっているミカさんが、あれは何かの葉だと言ったので、へ～っとどんな葉っぱなのか私が近寄りそれを手に取って見ていたのだった。それがカメラではその中に入っていく！って見えたということだった。

「ああ！　それ僕です。実は……」

と説明し、一件落着したのだった。するとその島根の出雲大社から派遣されている神職さんもさらに柔和なってくださり、実は……と話してくださったことには、この辺は特に治安の悪いところで、盗難も日常茶飯事。油断すると拝殿の中をホームレスが当たり前のように住処にしてしまうという。その時、偶然にもサラちゃんがトイレを借りたいんですがと入ってきた。すると「はい、では階段を下がって左にいくとありますから、この鍵を使って開けて入ってください」と言った。鍵？　と思い訊くと、トイレもとても危なく、鍵を使わないと強姦もされるそうだ。冗談抜きでそれが当たり前にある地域なので……と話された。私の映像を見て飛んで来たのもなんとなく理解できてきた私だった。

それから奉納の話になり、瀬織津姫の説明をしながらＣＤを取り出すと、

「ああ……この歌、知ってます」

と言ってくださったのだ！　神職さんが出雲で勤務していた時に見たと。出雲大社のあの大きな鳥居をくぐり少し進み下り坂になってすぐ右に祓戸神社がある。もちろん三度も参拝しているが、なぜか不思議とＣＤを奉納した記憶が蘇らない。「あ～え～、僕、出雲に奉納したっけな～？　誰かが奉納してくださったのかもしれないです……」など話し、名刺も渡し社務所を後にしたのだった。それから一週間後、帰国してから、この神職さんより有り難いエアメールをいただいた。

これで、予定の三か所を全部参拝できたのだった。ホッとしてレンタカーも返し、空港に着いた。

楽しきハワイとお別れ。ロビーで待っている時だった。おお……虹……。私が写真を撮っていると、近くの子供が気が付きママに教えた。すべてはタイミング。最後に虹……。ハワイらしい。

第六章

天の岩戸での発光

外宮の甘い香り

帰国して一週間もしない七月五日。翌日の六日からの二日間、川島伸介（伸ちゃん）さんと伊勢でコラボがある。二日連続というのは、翌日にツアーを行うことになっているからだ。

それに合わせてその前後に名古屋でレコーディングをした。前の五日には、二月の屋久島でできた『森の精《こ》』。歌手は五月の木花咲耶姫ツアーにも参加した松田さん。そして後の八日に伸ちゃんと『たこ焼きソング』の予定。『森の精』は順調に終わった。

三重県伊勢市の会場は〝伊勢河崎商人館〟。とても風情のあるところだった。昔ながらの町並みの中にある昔の建物を利用したもので、ヤマハのアップライトピアノがあり、それを私が調律した。この二日間は、伸ちゃんが取り仕切ってくれた。

この日、天気予報は雨だったのだが、まだ大丈夫。持ちこたえてくれている。岐阜から天空さんも参加されていたので、急遽、司会をお願いした。まずは伸ちゃんから。相変わらずカッコいい。そして私のピアノとトーク。私はこの日、ハワイで買った赤いアロハを着て登場した。終わってから、地元三重県から初参加のＦさんが、今度ぜひ私の会を主催したいと声をかけてくださった。毎日ＣＤを聴いてくださっているという。ありがたい。

また、大阪から初参加の長谷川さんだが、自分は山水さんの本に書いてあるような、神香を感じることなどできないのではないかと思っての参加だったそうだ。しかしその日突然、強烈な墨汁の香りが降って来て驚嘆したとのこと。参加されて良かった。

懇親会に入った頃には雨が降り出したが、よくここまでもってくれたものと感謝した。明日の伊勢を回るオプションに参加する人はそのまま近くにあるホテルに泊まった。その日、私はかなり酔った。あまり記憶がないのだが、伸ちゃんの部屋で二次会をし、伸ちゃんにレイキを学んでいる方の何人かに、長時間レイキをしていただいた（ようだ……）。ありがとうございます。

翌朝、七夕だ。この日に伸ちゃんと、織姫と彦星でもある瀬織津姫と饒速日命の御神行をできることに喜んだ。車四台での移動となった。まずは外宮から参拝。ここは三回目の参拝であろうか……。みなさんと鳥居に向かい歩く。その時には私が先頭になって歩いていた。鳥居で一礼しくぐった瞬間、甘い香りが上から降ってきた……。

「甘い、甘いよ。香りがきたよ」

「……ホントだ！　甘い！　うわ〜」

みんな驚き&歓喜してくださっている。伸ちゃんも私を見つめ、ウワオ～顔でウインクをしている（笑）。もちろん初体験の人も半分くらいいる。そのまた直後だった、檜の香りがフワ～っときた。

「あっ！　今度は檜の香り！」

と言ったのは相澤さんだった。彼女も、もう幾度も体験されている方だ。

「わ～、本当だ木の香り！」

（姫様、ありがとうございます……）

今回の外宮参拝で、私は初めて左奥にある多賀宮を参拝できた。このお宮は豊受大神の荒御魂を祀っていることになっているが、ここは高宮と呼ばれ、正宮より高い位置にあるのだ。内宮を見ても正宮が一番高いところにある。ということは外宮の一番大切なところは、多賀宮ということが分かる。ここでは伸ちゃんが取り仕切り御神行をしてくれた。ちなみに、内宮では香りは何度かあり、これまでの書でも記したが、ここ外宮で香りが来たのは今回が初めてだった。

内宮に向かった。混雑している。駐車場も満車で入れない、少し戻り崇敬会の駐車場に止めた。それで、そのお陰で初めて、おかげ横丁を通って内宮へ行くというルートになった。初ルートは新鮮だった。お店の前には竹に七夕の装飾も……。内宮はこれまでの書で記して

磯部神社にて（三重県）

きたが、数々の奇跡があった。

五十鈴川で浄め、まずは瀧祭宮を参拝。参拝者があまりいなかったので御神行を。その後、正宮、天照大御神荒御魂＝瀬織津姫の荒祭宮と参拝し（と言っても、正宮も瀬織津姫かもしれないので何とも本当のことは分からないのだが）、またおかげ横丁を通り駐車場へ戻った。

車は伊雑宮へ。ここは私は二回目。こここそが本来の伊勢神宮という話もあるところ。そしてさらに南に走り、志摩市磯部町の磯部神社へ。ここは初めてだ。弁財天も弁財池にあり手を合わせた。伸ちゃん曰く、志摩は、饒速日命の子の物部氏の先祖である宇麻志麻遅命《ウマシマジノミコト》の志麻が語源になっているとのことだ。ここは国津神も天津神もどちらもお祀りしている宮だった。いい社だ。

青い光とフレイバー

それから一路車で一時間ほどかかるところへと出発した。ここからが今回のメインの地である。途中、時間の問題で寄れなかったが、オウム岩というスポットを伸ちゃんの説明を受け通り過ぎ、ついにその目的地へと到着した。

山の中から小さな穴が開いていて、そこから水が流れ出ている。恵利原の水穴と言われ、通称、〝天の岩戸〟というところだった。そこには小さな鳥居もある。その中に滝が二つあるという。もちろん這いつくばって入って行かなければならない。私ももう少し太っていたら無理な世界。

ここは私と伸ちゃん二人が代表して入っていくことにした。それぞれ濡れていいように着替え、頭にベルト付きライトを探検隊のように装備し、いざ！とみなさんに手を振り鳥居の前へ進んだ。この時からデコポン高田さんが一部始終スマホの動画で撮っていた。高田さんは肉眼でも見えたそうだが、後で見せてもらった動画には、確かに映っている。私が鳥居の前までき て一礼をしようとする直前から、突然に光り出したのだ。青く……。それがず～っと穴に入るまで続いている（前章のハワイを思い出す）。そして入った瞬間から、別のことが起きたという。彼女はヤンズフレイバーと名を付けたようだが、インディゴの、そう、藍の香りがブワ～ッときたというのだ。そうとも知らず、私は先頭を行く伸ちゃんの後を這いつくばり身体をよじりながら入っていく。もちろん水の中を、もう最初からずぶ濡れ。頭に付けたライトが助かる。もちろん真っ暗闇の中だ。少し進むと二股の右の水流の方へ進むと、やっと立てる高さになった。そこにまず一つ目の滝が流れ落ちていた。そこで一人ずつ「セオリツ姫さま～！　ニギハヤヒさま～」と滝に打たれ叫ぶ、感謝する（口絵5中左）。私のスマホは防水なので、写真を撮り合いした。来たルートを戻り、今度は左奥にまた身体をよじりながら進み、二つ目の滝に着いた。まるで産道だ（多分）。ここでも立って「セオリツ姫さま～！　ニギハヤヒさま～」。

もう伸ちゃんに感謝！　素晴らしい参拝をして、またまた身をよじり這いつくばり表の世界へと向かった。

その時だったらしい。私たちの「ウワ～」という声が聞こえてきて、もうすぐ戻ってくるのだろうといった時、私が出る直前にまたフレイバーが、バーッと吹いてきたという。また実際に出てきた私は入る前と同様に青く光っていたという。動画にもそう映っていた。その動画を写した写真を口絵5中央に載せたが、動画の画素が低く荒いので分かりづらいと思うが、よく見るとなんとなく分かるであろう。

そんなことも知らず、私は二つの滝に浄化もされたであろう、ボウッとしながらみなさん

朝熊山山頂にて（三重県）

と雑談しながら駐車場まで歩いた。二人は着替えをし、みなさんと合流。

メイン神行を終え、そこからまた伸ちゃんの案内で、伊勢の霊山である朝熊山《あさまやま》山頂へと向かった。ここにも磐座があり、その上に乗りそれぞれが自分の感性と対話しているようだった。これも後で聞いたのだが、この時もフレイバーがすごかったそうで、高田さんは何人かに、こっそりとそれを話すとみんな分かり驚かれたという。その香りは十メートル離れていても来たという。

この日参加の、てんちゃんが、磐座の上で『瀬織津姫』をアカペラで歌ってくれた。ここから見る伊勢湾の眺めは格別だった。記念写真を撮った。それから近くの神社参拝をし、この日のツアーは終わった。もう六時を過ぎた。では伊勢駅へと伸ちゃんが車を発進しようとした時、「あっ！　ちょっと待って、ストップして！」と私が叫ん

カーナビの数霊（三重県）

だ。「ほら、これを見て！」と。目地までが11・2キロ。そして進行方向220メートル先を右折と表示。またこの数字だ。これを伸ちゃんに話すと驚いてくれた。伸ちゃんもこの数字に縁があるという。実は伸ちゃんのブログ、『川島伸介 百匹の猿現象加速化計画』のTOPの挨拶&プロフィールのところの日付が、**2016.2.20 2:20**となっているのだ。（なんと、この書の発売日！）日にちを未来にしているのも、伸ちゃんのある思いが込められているのだが、こういった伸ちゃんだから、マジで驚いてくれたというわけだ。

「おはようございます！」

名古屋駅で伸ちゃんと待ち合わせをした。さあ、『たこ焼きソング』のレコーディング。名鉄に乗り換え神宮前駅で下車し、まずは熱田神宮を二人で参拝しましょうとなった。信号を渡り、広い境内の駐車場へと続く道を歩いていたら、突然、甘い香り♪　二人して感動し参拝を終え、つけ麺の美味しいラーメン屋で軽く食べ、いざスタジオへ。

録音はすべて上手くいき、最高の出来となった。伸ちゃんのお笑い？　大阪感覚はこの歌で私の求めていたものそのものズバリで、さっすが伸ちゃん！　っていうものだった。平成

二十七年三月に『森の精』とともに、〝カラオケの鉄人〟チェーンにてアップ※されたので、ぜひ歌っていただきたい♪

なお、この川島伸介さんとは、後の『スターピープルVol・55』で対談することとなった。

※アップされた
これで、『ハレラマ』『瀬織津姫（Vo・山下和美）』『あわのうた』『瀬織津姫（Vo・ZIZA）』『八上姫』『奴奈川姫』『たこ焼きソング』『森の精』の八曲となった。

福岡528と白駒さん

528Hzの特別ワークショップだが、東京と大阪のみで開催だったが、福岡県のふーみんさんが、ぜひ九州でもと主催してくださることになった。これが七月十九日。そして翌日に同じ会場で、博多の歴女こと白駒妃登美※さんとコラボとなった。これはふーみんさんのたっての願いで、私も感謝してお受けした。

白駒さんは、近代の素晴らしい日本人を熱く語り人気を得ている方だ。その話しっぷりは人を引き付ける。元々関東の方だが、結婚して九州におられる。病気を経て自分が一番した

白駒妃登美さんと著者
（福岡県）

いことは何かと思い、大好きな日本人の素晴らしさを伝えて行こうと思われたという。彼女の本に登場する人は、そんなに有名とは言えない人も扱っているが、どれも「えっ？　こんなスゴイ人いたの?!」と感動して読む。そこが魅力。

私は歴女と言われている人とのコラボだったので、最後に二人で話す時にみなさんを驚かそうと、久しぶりに大国主命のフル装備で登場した、一番驚いていたのは、白駒さんだったかも（笑）。

※白駒妃登美さん
著書に、『子どもの心に光を灯す日本の偉人の物語（親子で受けたい歴史の授業）』（致知出版社刊）などがある。

北九州市は水

翌日、レンタカーを借りた私は東へと走った。北九州市界隈に水の神社がたくさんあることが分かったからである。地元の読者Aさんにナビをしてもらいながら、午前十時二十分から午後の四時十分の間に十九社参拝した。集中して回った。これまで一日で回った数は、因幡は鳥取で十七社が最高だったので（『愛歌』参照）、更新したわけだ。

Aさんは、当初予定していた十一社もその時間ではむずかしいですと言ったが、私は最初から、「余裕ですよ」と話した。これは決して自慢ではない。私は全国もう十年近く、いつもこのようなことをしているが、初めての土地でも行く前から直感で分かってしまい、それが必ずそうなるようになってしまっているのだ。まあ、特技ということにしていただこう。（本当のことを書くと、私が〝こうなる。こうする〟と決めてしまえば、そのように時空が変わってしまうのだ）

「信じられない」と、Aさんは終わってから繰り返した。このことは、第五章のハワイの時と同様である。数ではないのでどうでもいいと言ってしまえばそれまでだが、一般的にこの数は普通回れないらしい。私の場合の神社は、水の神社に限っての参拝。それほど、この北九州市には水の神社密度が多いということである。

最後の付録を参照していただくとして、記憶に残った一社を上げる。八幡東区にある豊日別《とよひわけ》神社。ここは五社目だったが、山に向かって多少入ったところにあった。車を止め、外に出た瞬間、噎《む》せ返るような甘い香りが……。かなり濃厚な香りだ。私は（来たか……）と思ったが、一応周りを見渡す。お花はどこにもない。下の道路を挟んだ下方に、白い花を付けた木があるが、あれではないと分かっている。Aさんはやはり驚いているが、さすがにこれほどの甘い香りは、何か元があるんじゃないかと思っているようだ。私の読者であっても、初めての体験の時はこのようなものである。それは致し方がない。ノーマルな反応。

「あの下の方の花じゃないですか？」

「ちがいますよ。姫からですよ♪　祝福ですよ。あとで確認しに行きましょう」

まずは石段を上がり参拝した。上でも甘い香りがする。その後、下へ下り二人で白い花を付ける木まで行ったが、もちろんまったく違う香りでそれも淡い香りだった。Aさんも一応納得。しかしまだ続く。

豊日別神社の鳥居（福岡県）

「でも、この前初めて来た時はこんな甘い香りがしませんでした」

「そりゃ～そうです。その時、甘い香りが降ってこなかっただけです。その時、このように、噎せ返るような濃厚な甘い香りが降って来ていたら、誰でもわかるでしょ?!」

「……そうですね～！」

体験は宝。知識では神は解らない。しかし、ただこのように体験をすればすぐに神が解るかっていうものではない。そんな甘いものでない。読者の方でも、私とともに数回程度こういった体験をしても、結局、何も『解らない』ままで終わっている人がたくさんいる。このような体験を、これでもかこれでもか……と、何年も何年も与えていただき続けて来ると、だんだん心から（芯から）解ってくるもの。もうお手上げ、抵抗できないくらいにまでいかないと……の世界。サレンダー、委ねるの世界へ。そして瀬織津姫意識へ、そして瀬織津姫次元へ……。

そうそう、豊日別神社の祭神を記しておこう。

天照大神　大山祇神《オオヤマズミ》　地主神　高龗神《タカオカミ》　闇龗神《クラオカミ》　大国主神

この内の、高龗神と闇龗神が瀬織津姫の別名の一つ。貴船神社などにも祀られる神名。とにかく北九州市は本当に水の神社が多い。もしかしてこの多さ&密度は、私の体験からして日本一かもしれない。本名密度一は因幡は鳥取（『愛歌』参照）。

ここで大切なこと。瀬織津姫が封印（名前を）された時に、置き換えられた名前の多くがこの高龗神と闇龗神、そして罔象女神。全国でこの名に代えられた神社がごまんとあるわけだ。しかし、代えられただけでもいい方で、消されたものの方が多い……。

水のきれいな国で水神を祀ることは自然なこと。自然に祀られてきた神を、権力者の都合で捻じ曲げられたということ。元に戻そう。

札幌釧路原野

福岡の土日の次の土日、二十六、二十七日は北海道にてトーク＆ライブ。こういった旅に感謝する。普通の生活をしていると、一週間で九州と北海道を味わえない。まずは札幌北区の〝カフェ Ｔｏｎｅ〟にて。この日も初めての方がいらして、ありがたく瀬織津姫様の話をさせていただいた。そして、ピアノだが、なんと最初から通常の４４２Hzあたりの高めで狂っていたので（中音部以外はかなり下がっていたが）、４４４Hzより高く４４４Hzに調律し、演奏できたのだ。この秋に『５２８Hzの真実』という書を出しますと説明もし、軽く触れることができたのだった。

二十七日の朝、八時五十一分の特急あおぞら1号で釧路へ行く。始発から終点の旅。釧路着が十三時一分。主催の堀田、山道、ミカさんの三人と原野さんがお迎えにきてくださった。

会場は釧路生涯学習センター・まなぽっと幣舞《ぬさまい》。着いてすぐに当日弾くグランドピアノを調律した。半年前にしているとのことだったが、七〜八年分は狂っている。昨日のカフェToneでも思ったが、最近の調律師の質が落ちていると感じるのは私だけであろうか。これは北海道に限ったことではない。

都内でも面食らうことが多くある。何度か同じことを言われて調べたことがある。その言われたこととは、私が一時間で調律を終えた時に、「前の女性の調律師さんは丁寧にしてくれて二時間半もかけてやってくれたんですよ」とだ。断っておくがこの家は毎年調律をしている。

これは調律の世界で限ったことではないが、技術者の世界で優秀であることの条件は、**早く**、**正確に**、**長持ち**である。考えてみれば分かること。天才的な人は三十分でしっかりと合った調律をできるが（実際にいる）、下手な者は二時間かけてもしっかりと合わせられない。

通常一時間の仕事と言われているもので、日本ピアノ調律師協会の試験も、十年分ほど下げて狂わせたものを一時間半で仕上げて、それを審査するといったものである。しかるに、毎年やっているピアノを一時間〜一時間半でできないといったことは技術が未熟ということなのだ。それで、付き合いのあるヤマハ特約店の調律師に訊いてみた。すると驚くことを耳にした。最近、養成所を卒業した生徒はやはり時間がかかり、すぐに表の仕事に出せないで、なんとか一時間半でできるようになってから出すという。やはり全体の低下は間違いでなさそうだ。日本人の調律技術は世界的にも優秀なものである。技術の日本よ、がんばろう。

原野さんとのコラボが始まった。『山水治夫氏トーク＆ピアノライブｗｉｔｈ原野優氏帰ってきた瀬織津姫講座ｉｎ釧路〜上級（マニアック）編〜』というタイトル通り、久しぶりに瀬織津姫講座と題してやらせていただいた。というのも、ここ釧路で初級編、中級編とやったが、上級編をしないまま瀬織津姫講座を終了させていたからだった。それで、この上級編では、姫を憶念できるようになるとどうなっていくかを、体験を元にピアノを弾きながらお話した。

この日、面白い偶然があった。なんの打ち合せもしていなかったのだが、私が着ていた服は、例のハワイで買った赤地に白のハイビスカスのアロハ。で、原野さんは白地に水色のアロハ。まるで火と水のコラボのようだった。

懇親会は、いつのも〝ましそ〟。本当にここの料理はいい。ケジャンと言って、生の渡り蟹や牡蠣をキムチに漬けたものも、美味しくてたまんない。

翌日も飛行機の時間まで、主催者さんたちと原野さんで海沿いの旨いところに連れていっていただいた。〝鮭番屋〟。炭火で焼く魚介類はマジで美味しかった。こうして、同じ市としては全国で最多八回目の釧路講演が終わった。

有鹿神社と六所神社

七月三十一日。この日は相模は神奈川県の姫旅をした。神奈川の読者、M＆Aさんがサポートしてくださることになったのだ。感謝。昨年十月の達成以来（『意識』参照）、祓戸神社の情報が少しずつ入ってきていた。それが神奈川にもあったので、行きたかったのだ。

それは相模原市にある亀ヶ池八幡宮境内社の祓戸社。うれしかった。また一社増えた。その他は付録を参照していただくとするが、海老名市の有鹿《あるか》神社も面白かった。ここは、神奈川県県央を流れる鳩川（有鹿河）沿いの地域に鎮座している。本宮、奥宮、中宮の三社からなり、相模国最古級の神社。祭神は有鹿比古命・有鹿比女命を祀るが、奥宮が相模原市の有鹿神社奥宮（勝坂遺跡公園内）にあり、そこにも行った。それが完全に水の神さまなのだ。祠の近くに水源、そう川の始まりがあり、小さな鳥居もある。祭神は有鹿比女命。そこでMさんは祝詞として『瀬織津姫』を歌わせてくださいと歌った。ありがたい。

瀬織津姫・水の神は、罔象女神、高龗神などいろんな名前で呼ばれるが、このような有鹿比女命という固有の名前で、地域地域で存在するのだ。福井を中心とし、滋賀、石川にもある川濯《カワスソ》権現がいい例。

もう一か所記しておきたい神社がある。東京は世田谷区給田に六所神社というのがあり、そこの祭神だが、驚いた。府中の大國魂神社と同じなのだ。由緒書き看板には、

祭神　大國魂大神
一の宮　小野神社　四の宮　秩父神社
二の宮　小川神社　五の宮　金佐奈神社
三の宮　氷川神社　六の宮　杉山神社

となっている。第三章にも登場する一の宮の小野神社は、昨年正式参拝シリーズ第5弾を行ったが（『意識』参照）、ここの祭神は天下春命《アメノシタハルノミコト》と瀬織津姫。ということは、この六所神社も本名で姫を祀る一社として加えてもいいと思う。うれしい神社を参拝できた。

蒲田コラボ、ｍｉｓａさん

『山水 治夫氏×川島 伸介氏　熱い！ 真夏の８０２（ハーモニー）！ スペシャルコラボ！』が、武蔵は東京蒲田で行われた。主催は相澤さん＆ミカさん。

この会に面白い方が参加してくださった。セドナへ行ったときに（『意識』参照）、向うのフェニックス空港で、私を見かけたという日本人女性で、そのことをブログに書いてくださっていたｍｉｓａさん。この方のブログも人気ブログで、伸ちゃんとのこのコラボに行くと書いてくださったのだった。それも影響してか早くに満員御礼となった。

会場入口のポップ（東京都）

会場に調律のこともあり早目に着くと、入口で笑ってしまった。この頃はもう完全に『たこ焼きソング』のことは広まっていて、ポップにもこのように反映されていたのだ。

今回の会場、ギャラリー橋本は、蒲田駅から一分という便利なところだった。ピアノがアップライトだが、ニューヨークスタンウェイなのだ。

私はｍｉｓａさんも参加されているし、セドナの話もたくさんした。そうケセランパセランが毎日のように甘い香りとセットで飛んできたことなど（『意識』参照）。みなさん、目を真ん丸にして聞いてくださっていた。日本に帰って来てから分かったことで、そのセドナで、私が生まれて初めてケセランパセランに遭遇し、驚いていた時に時を同じくして、この日本でも読者の三人の方がケセランパセランに初めて遭遇していたという、時空を超えたシンクロ劇が展開されたこともお話しした。そしてその三人中、二人がなんと、今日ここにいる主催のお二人なんですと紹介した。そりゃ～みんな驚く。

懇親会は、読者&リスナーの上村さんのやっている、大森の居酒屋〝海Ｋａｉ〟にて行った。このお店は活魚と地鶏のお店なのだが、さすがに美味しかった。そして上村さんよりうれしいプレゼントが……。『奴奈姫《ぬなひめ》』という新潟の日本酒だった。ｍｉｓａさんも陽気に楽しんでくださりありがたかった。その後、二次会にカラオケの鉄人に行き、『瀬織津姫』など歌った。

奴奈姫の日本酒と著者
（東京都）

そしてこの後、主催者の相澤さんとミカさんに奇跡が起きたのだ。二次会も終わり、相澤さんはミカさんを送って行くために車に乗せ帰路についた。その時の相澤さんのブログから一部を抜粋させていただく。

８０２で山水氏は、何故かケセランパサランの話しをされたのでした。

イベントは、お陰様で大盛況で終了し、
懇親会、そしてフィニッシュのカラオケへと…>>♪

熱ーい８０２の夜は更けてゆきました。
全てお開きになり、車で来ていた私は、
ミカさんを家まで送って行きました。

家の前に着いて荷物を降ろし、
それじゃあ！と、車に戻ろうとした時、
二人の前にフワフワと飛んできたものが…。

なんとっっと！

Σ(◎◇◎;)！

ケセランパサランでは
あーりませんかーーーっ!!

夜の闇の中から現れ
街灯に照らされて
フワリフワリと飛ぶケセランパサラン…。

ミカさんがそっと捕まえると、
掌の中で、キラキラと光って見えました。

ちょっぴり見えづらいデスが…^^;
しばし戯れた後…
再び闇夜の中へと飛んでゆきました。

なんだか、夢の中にいるような…
異空間にいるような不思議な時間でした。

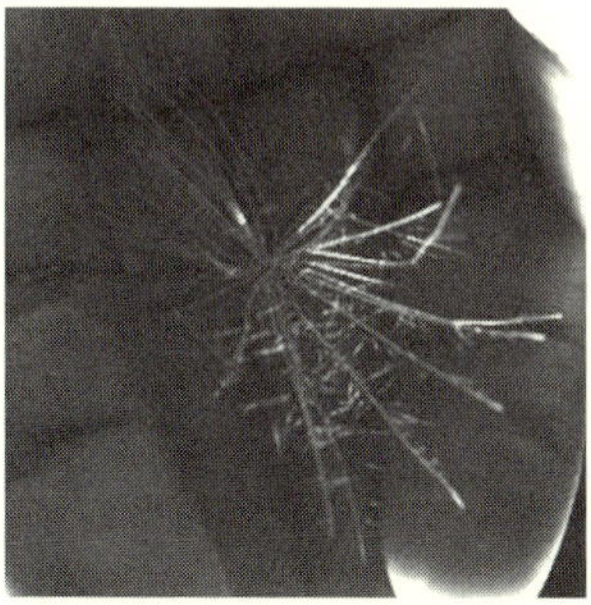

ケセランパセラン
（東京都）

帰路…

一人、あれこれと振り返りつつ

改めて思ったのでした…

…なんか…スゴくないか?!

いや…スゴ過ぎでしょう?!

あまりにも、出来過ぎでしょう?!

普通、あり得ないでしょう?!

山水氏が語られたその日に…!

しかも、二人一緒の時に目の前に現れてくれるなんて…!

考えれば、考える程…
まさに、ミラクル！！！

姫様プロデュースとしか言いようがありません…。
ここまでして下さるのですか…(T▽T)
と、胸がいっぱいになってしまいました。

最後の最後まで…
本当にありがたき８０２でした！！！

そう、姫様はこのような祝福、主催者への労《ねぎら》いもしてくださるお方。

二日後、東京都の奥地へ足を延ばすことになった。昨年（平成二十五年）私は全国の瀬織津姫の本名の神社参拝を一応達成したが、新たな祓戸神社の存在が耳に入ってきていた。そ

綾広の滝の祓戸大神（東京都）

の一つが、奥多摩の御岳山にあるという。何度もそこへ登山していると いうSさんがナビしてくださった。私のパジェロイオで向かった。青梅も調律のお客さん宅があるし、奥多摩には昔、ヤマメ釣りに来ていたものだ。道路沿いの駄菓子屋で、漫画家の楳図かずおさんとバッタリあったこともあった。楳図さんも芸術家だよな……。

　車止めまできて、ケーブルカーに乗る。御嶽山駅に着き、武蔵御嶽神社へ続く参道。なかなかいい。参拝を済ませ、またひたすらハイキングコースを歩く。森林浴が気持ちいい。ここは東京だよな？と時より頭をかすめる。もっと奥には大岳山がある。昔、『モンゴル神仙邂逅記』（徳間書店刊）の笹目秀和氏に憧れ、行こうと思った時もあったが、氏の大岳山はこんなもんじゃないんだろう……など考えながら上った。

　一時間ほど歩いただろうか、ロックガーデンを過ぎしばらく歩くと着いた。綾広の滝の右に石碑があり、しっかりと祓戸大神の文字が……。関東では一番高いところにあるかな？杖をつきながら下山した。

夏休みも終わろうとしている八月三十一日。七月の伸ちゃんとの伊勢のコラボで初めてお会いしたFさんより、三重県志摩地中海村でトーク&ライブを主催したいとリクエストがあった。志摩市に地中海村？　私は知らなかったがネット検索してみると、それまさに地中海の様だ（行ったことはないが）。なにやら石畳やレンガも実際に現地から運んできたもので作ってあるらしい。その中の〝漁師の酒場〟というお店にキーボードを持ち込んでやることになった。会のタイトルは『ヤンズこと山水 治夫氏 天岩戸開き ライブ&トークショー』。翌日には間崎島に渡るツアーも企画されている。解説にはくすぐったい文を書いていただいていた。載せさせていただく。

山水氏は、音の世界を通して、メッセージを受け取られ日本の神界の真実にふれ、以後その音楽「瀬織津姫」を全国の社の中で、元は「瀬織津姫」（天照大神＝ニギハヤヒ&瀬織津姫）が祭神であったであろう社をくまなく詣で、奉納し続けていらっしゃいました。

私は２０１１年より著書に触れ、音楽もすべて聴かせていただいています。

山水氏は、それがきっと使命であり、心願であったから、
人知れず、コツコツと淡々と歩まれてきたように思います。
その仕事は、おそらく日本の歴史を根底からひっくり返し、
これまで、大和魂の目覚めの最も壁となっていたものを、音魂によって、
鍵を開けられたということが誰の目にも明らかになることでしょう。

式年遷宮のクライマックスを迎える２０１４年に、
間崎島（天真名井神社）に、山水氏をお迎えできますますことは、
音魂により鍵を開ける天命の集大成であることと、
私は心から、心からうれしくてたまりません。

そして、神々を繋ぐ新たな創世記のはじまりに、
どうぞ、皆様の真心をお運びいただき、
盛大な宴となりますことを心から願ってやみません。
全国、世界中の皆様の真心に届きますように
ニギハヤヒ＆瀬織津姫の光の御柱が立ちますように

地中海村の陽気（三重県）

地中海村の建物は白が似合う（三重県）

この言葉に恥じないように……。

前日に名古屋のスタジオ入りし、『やまみずはるお』に収録する最後の歌、『桃李の門』の歌入れをした。この歌は、デビューの『ハレラマ』の次のシングル。『マグダラのマリア～それはあなた～』のカップリングに入れた歌で、当時は違う歌手に歌ってもらっていたが、私自身に歌ってほしいというリクエストが増えてきて挑戦した次第。自分もこの歌をやっと歌えるようになったかと感無量だった。ぜひ聴いていただきたい歌である。曲が浮かんでいた時、イエス・キリストが意識にあった。歌詞を読むと分ると思う。

その日は名古屋で泊まり、翌当日、早めの電車に乗り、鵜方という駅でFさんと待ち合わせ。早速、地中海村へと向かう。

着いてびっくり、本当にここは日本か？　素晴らしいところに連れていただいた。三重県での講演は二回目だが、今回も初の方が多く、姫様の話を心を込めてさせていただいた。ここは宿泊もできる村、施設だが、宿泊の方々と夕食&懇親会を、海にもっとも近いレストランで行った。自分の部屋で一休みしてレストランに向かった時、甘い香りがきた。お花はない……。ありがとうございます。たまにはイタリア料理もいいものだ。地中海ヤンズはたらふく食べた。

翌日、間崎島へ渡り天真名井神社を参拝した。しかし三重県のこの地域の湾は本当に日本の本州にある地なのかと疑ってしまう風景、雰囲気。地中海とはよく付けたものだ。まあ、いつかは本物の地中海にも行くかもしれないが、つかの間のイタリア気分を味あわせていただいた。感謝。

およそ半年後、ビッグニュースが。平成二十八年にこの地でサミットが行われることとなった。

第七章

瀬織津姫・原点正式参拝

神楽坂ダンディ

神楽坂といえば、〝アートサロン香音里《こおり》〟。東京は神楽坂でトーク&ライブをやる場合はいつもお世話になっている。オーナー夫妻がとても素敵な方で料理も美味しい。ヤマハのグランドがあり、いつも自分で調律してから行っている。これまで、あまむ吾郎さんや、てんごくさんとコラボもしてきた。そしてこの度、九月六日に、『山水 治夫氏×清水 哲郎氏 ザ・エコノミックコラボ 〝瀬織津姫と経済〟』と題して、ジュエリー業界で活躍されている清水哲郎さんと異色のコラボをすることになった。

清水哲郎さん（東京都）

その清水さんがとてもダンディなのだ。スーツの胸ポケットにも赤いハンケチを何気なく入れられるお方。当日、私も真似をしてお尻に入れていた紫のハンケチを、ジャケットの胸ポケットから少し出した。「僕はチョコットダンディですから」と言うと、ちょこっとウケた。

清水さんは、ジュエリー界に入るまでは新宿にもデーンと構える、某デパートの営業マンとして辣腕をふるった方でもある。ヨーロッパに支店を出すとなると真っ先に任せられ成功を収めた方。

そんな方の経験上の話はとてもためになった。

　では私は何を話す？　一応、困った。しかし、話すことはある。それを話すかどうか勇気が必要だった。自分の過去のお金、経済のことを話さなければならない。それこそ過去のそれがあったから、瀬織津姫と繋がったわけでもあるからだ。詳しくはこの紙上では省略するが、いつの日か紙上でも記する時が来ると思う。この日は思い切ってそれを話し、ピアノを弾いた。

　物販では、清水さんの会社、〝ミラクルジュエリー〟の商品が割安で置いてあり、参加者のみなさんが喜んで購入されていた。

『528Hzの真実』出版

　特別音楽ワークショップをしていた、528Hzの話の本もついに出版日を迎えた。基本的に瀬織津姫以外の初めての書となった。生まれた時からピアノが五台ある家に生まれた、私の音楽人生を集約して書き込んだ。この528の話は、ピアノ調律師でないとまず解らない世界。そしていろんなことをする音楽家でなければまた解らない。そう、作曲や演奏や、録音など。クラシックだけでも足りない。ポピュラーも両方必要。そして最後にスピリチュアルに精通している者でないとまた不十分なのだ。それで私しか書けないと悟り記した。音、音楽、霊性、愛の深さを知っていただくためにも出して良かったと思っている。また、この書から私&瀬織津姫を知り入ってくる人も出てきたのだ。いいことだ。ありがたいこと。まだお読みでない方はぜひ一読してほしい。中には人生が変わると称してくださる方もいる。それはどうか分からないが、愛にまで達する話なので、そうかもしれない。

『姫・シ♭』も『命・シ♭』もそうだが、この書にも〝倍音〟が重要な要素として出てくる。主と言っても過言ではない。昨今、巷で倍音という言葉がよく使われるようになっているが、その意味、中身を知らない&誤った知識で、口に、仕事で、また本で使っている人が多い。仕事で使っている人にもぜひとも読んでいただきたい。

Hzの話、楽器、倍音はもちろん、郷ひろみさんからマッチ、トシちゃん、聖子ちゃん、ユーミン、財津和夫さん、フランク永井さん、ベートーヴェン、モーツアルト……、究極は合気道の故・植芝盛平氏まで登場する。もちろん必要があって登場していただいている。

不可能を可能に

ついにこの日が来た。来るとは思わなかった日。実現するとは思っていなかった。それは不可能だったから。しかし可能になったのだ。変わったのだ。その可能になった時を、私は知らないのだ。しかし直後に、私は閃いたということ。その閃きがなく行動に移せなかったら、可能になっていても実現しなかった日だった（何を書いているか理解できないかもしれないが、もう少し待ってほしい）。

結局、可能にした閃きとは、誰が閃かせたのか。私の力か。私がスーパー霊能者だからか。そんなことはない。私はただの凡人で、ただただいつも瀬織津姫という大神様を想っているだけの者だ。だから分かるのだ。その不可能を可能にした閃きは、姫様が、閃かせてくださったのだ。私に突然、電話をしてみようという気にさせたのだ。岩手に。

まだ私の故郷の富山も東北の岩手も、雪が残っている頃だった。それは第二章に出てくる、427の大和は奈良の大神神社で正式参拝をした頃のこと。

不定期だが、正式参拝シリーズは春か秋に行っている。春は大神、では秋はどうしようか……と考えていた。これまで錚々《そうそう》たる神社で行ってきた。佐久奈度神社、厳島神社、早池峰神社、江島神社、小野神社、そして大神神社……。自分で振り返ってもスゴい神社ばかりだ。もちろんすべて瀬織津姫に関係する神社である。しかし、私の瀬織津姫の原点である神社と訊かれれば、それはやはり〝桜松神社〟ですと答えざるをえない。

しかし、あそこは無理なのだ……。内情を知っているから。宮司さんが年を取ってこられ、本人も奥さんも無理ですと、以前ハッキリとおっしゃっていたのだから……。

実際に、神社に行った時にも、偶然、ご夫妻とお会いしてもそれが感じ取れ、寂しい思いをしていたのだ。一番最近の三年前でさえそうだったのだ。

（でもやれたら最高だな～）

その春にこれがまた頭に浮かんだのだ。フキノトウが顔を出す頃、私は何も考えずふと電話してみようと浮かんだ。宮司宅へ。といっても八年ほど電話をしていない。一番初めに電話をした以来のこと。ただ携帯の電話張には入れてあった。八年前でもなかなか言葉が通じなくて困ったことがよぎった。でももうかけてしまった。

「山水と申しますが、昔、瀬織津姫の歌のCD、レコードを奉納させていただいた者です……。三年前ほどに境内でお会いした時に覚えていないと言われたので、それはいいのですが、あの～……、桜松神社で正式参拝はできないでしょうかね～」

「うな？　覚えてねっす。わたずはもうボケてきてもうだめなんでえがんす」

「そうですか。わかりました。あっ！　すみません！　宮司さんの代わりにというか、誰か跡継ぎというか、代わりに神社をやっていく人はいないのでしょうか？」

「へい、えます。最近わたすの息子がやり始めたなっす」

「…………　！」

「あの……、息子さん、携帯電話をもしお持ちでしたら、番号を教えてもらえませんでしょうか?!」

「ああ……　ここにいるからかわるなっす」

（えぇ……！）

「かわりますた」

「あの～！　…………」

こういうわけで、私より二学年年上の息子さんがこの春、後を継いだばかりだったのだった。息子さんに、「八年前にCDを奉納したので、聴いてくださってませんか？」と訊くも知らないと言われた。それはそれでショックだが、そんなことよりも、原点の桜松神社で正式参拝ができることになってしまったのだ！　奇跡が起きた。電話していなかったら、跡継ぎさんはいませんか？と最後に言わなかったら……。

私以上に姫が喜んでくれたかもしれない。そしてもちろん、電話をさせるために閃かせたのも、ダメだと分かっていながらかけさせたのも、姫。姫。姫。

日にちは九月二十日に決定した。新宮司さんは言う。これまで氏子の会で三十五人が最高の人数でしたが、何人来られますかと。「分かりませんが、五十人募集すると思いますが、まあ四十五人くらいですかね〜。三年前に遠野の早池峰神社でやった時は四十六人だったと思います」それを言うとかなり驚かれた。桜松神社始まって以来、一番たくさんの人が正式参拝に集まることになるのだ。それも全国から。姫様を想う人が集まる。主催はミカさんにお願いした。

結局マックスの五十人が集まった。しかし、最後の最後になって広島県の方から連絡を受け、思案し、参加していただくことに決めた。五十一プラス私の、五十二人の正式参拝となった。正式参拝シリーズでは過去最高の人数が集まることとなった。もちろん文字通り北海道から九州までの方々。ありがたかった。感謝でいっぱいだった。それは姫様もであろう。

桜松に結集

九月二十日当日、三年前の遠野の早池峰神社の時もそうだったが、岩手県内の方々に最大限に協力をしていただいた。すうさん、じゃじゃさん、菅原さん、高橋さん、田村さん。海藤さんらの車で送迎もしていただいた。地元の方々の協力がなければうまくいかないこと。

ハートバードさんとミカリンさん
（岩手県）

足りない分は、私の車とレンタカーを二台借り、ウッシーと是永さんに運転していただいた。

花巻空港、新花巻駅と手分けして迎えに行き、集合場所の新花巻駅に時間通り無事に全員集合。中には花巻に前泊の方が何人もおられた。頭が下がる。駅ではみんなが分かりやすいように、ハートバードさんとミカリンさんが、姫や私の名前を書いたプラカードを用意してくださっていた。このお二人は後に結婚されることになった。姫が仲人だ。

まずは、紫波町にある〝あらえびす館〟で、私のトーク&ライブをしてから、高速道路を使って桜松神社へ行くというスケジュールになった。いつもとは順序が逆だが、これも良かったと思う。

私も岩手に前日入りしていたが、ほとんど寝られなかった。二時間くらいは寝ていたのだろうか……。その間、私はトークの内容を考えていた。まあほとんどギャグばかり浮かんでは消え、浮かんでは消えの連続だったが、最終的に残ったギャグに賭けた。詳しくは暴露しないが、マイケル・ジャクソンが出てきて、ゾンビイカが出てくることなのだが、ウケなかったのでまあいい（笑）。最後に『出航』を弾いて〆た。

原点に向かって大移動開始。出航だ。途中、滝沢サービスエリアで昼食を取った。桜松神社へは予定の二時より三十分遅れて着いた。県道から七時雨山に入るところでまず驚いた。鳥居が朱色になっている。去年以降に塗り替えたのだ。

まずは安比川手前の石碑を見ていただくために止まった。この石碑もデビュー本の『物語』やブログにのせていたものなので、みなさんが、「ああ〜これだ〜！」と愛でる。もちろん、私は石碑の説明とともに、ここで最初の龍神雲があの電信柱の上まで降りてきたんですと説明する。

さあ、不動川に沿って上がる。ここでまたみなさんに事前に説明していたことをする。車の窓を全開にし、カーステレオで最初のオリジナルシングル『瀬織津姫』を流す。山に、自然に聴いていただくためだ。この曲が日本一合う、染み入るところだ（冬の場合は、ＣＤアルバム『三次元のロマン』収録の『瀬織津姫』が合う）。

駐車場についた。トイレを済まし、鳥居の左前にある由緒書き看板にある瀬織津姫の文字をみなさんに示す。ではと一礼し、鳥居をくぐりすぐ右下の、自然の山水で手を浄める。伊勢神宮の超小型版だ。五十人もいるので、それだけで行列になる。

まっすぐ進み、拝殿に向かう。宮司さんがいらっしゃった。初めてお会いできた。「貴方が後を継いでくださったからこの日があります。うれしいっす」とは口に出さなかったが、では早速始めましょうと全員階段を上り拝殿に入った。私自身拝殿に入るのは三回目。全員入ったが、やはり狭い。というか、ここはやはり三十五人くらいでちょうどな空間だ。誰かが言った。床がぬけないかしら？と。後ろの方が座れないほど窮屈だったので、前に詰め、前に詰めを繰り返し、なんとか入れた。ここで一時間かけて全員が一人一人玉串を賜り正式参拝をする。これが願いだった。玉串の榊の準備もいるだろうと、私は前もって神経質なほど、宮司さんに参加人数を伝え、榊の準備をお願いしていて、「分かりました」と言葉をいただいていたが、当日のそれはプラスチックだった（笑）。これまで正式参拝シリーズはどこでも本物だった。なのにこの田舎でプラスチックとは……。この点はみんながっくりきていただろう。笑っていただろう。しかしこの時点で、甘い香りや檜の香りがピンポイント的に降ってきていた。

さあ開始。宮司さんが始める。すべてがぎこちなかった。後を継いでまだ間もないのでしょうがない。いきなり前代未聞の正式参拝。誰しもが緊張する。ましてや全国から姫を愛する強者が結集しているのだ。その熱気たるや凄まじいものがあっただろう。ハワイのヒロ大神宮の比ではなかったはず。

そんな宮司さんだが、祝詞を上げ、全員が正式参拝をすませた後に、感動することをしてくださったのだ。これもプラスチックとは逆の意味で、初めてのことだった。たくさんの鈴が付いた神具で一人一人を浄めてくださったのだ！　五十二人、一人一人を……。みんな頭を下げそれを受けた。それが終わってから、いざご神体の不動の滝へ。階段を下りたところで、まずは記念写真を。宮司の奥さんに写してもらったがピンボケ。愛嬌だ。

滝まで歩き始めた。


フワ～……


「！　綿菓子の香りが……　みんな綿菓子の香りがきたよ～！」

「うわっ！　本当だ～！　綿菓子の香り！」

かなり広範囲で甘い綿菓子（綿あめ）の香りが降ってきた。全国からの参加者全員がその奇跡に酔った。歓喜した。姫様もたいそう喜んでくださっているのだろう。当然だろう……。この神社で綿菓子の香りは初めてだった。

不動滝ではやはりみなさん感動している。こんなに美しい、愛しい滝はないと。私の瀬織津姫の原点で、みんながこうして喜び感動してくださっている。そして姫がみなさんに祝福

不動滝の御橋にて瀬織津姫を歌う

の香りを……。これ以上のことはない。今日一日はこれで終わったも同然だった。

主催のミカさんが歌詞を用意してくださっていたのだが、ここで滝に向かいみんなで『瀬織津姫』を歌うことにした。滝の前にある朱色の橋に全員乗り、滝に向かって歌った。私が最初の見本のキーを発しなかったため、テンデンバラバラのキーになったので、すごい倍音ソングとなってしまったが（笑。音程が合ってない）、これも愛嬌。

五十三人と不動滝（岩手県）

この橋の上での記念写真を撮ってもらおうとなり、また宮司の奥さんに撮ってもらったが、やはりピンボケ。これも愛嬌。誰かが橋が揺れていると言った。そうだ、この橋さんも五十二人、いや、宮司さんも記念写真に納まったので五十三人を支えたことは初体験だっただろう。ご苦労様でした。

宮司さん夫妻に挨拶をしてお別れした。一升瓶を二本くださった。参加者みんなは、あの鈴の神具での浄めに感動していた。このようなことは初めてだったと。ありがとうございました。

「ではあと二十分ほど境内を散策し、駐車場で集合ですよ～」と自由行動とした。駐車場へは二種類のルートがある。来た道を戻るのと、下の川の対岸から回るルート。私は下から戻った。十数分の道のりだ。十人近くの人とともに歩いていた。その時にも何度も何度も、綿菓子の甘い香りが降ってきて、みんな感動し喜ぶ。ミカさんは、この川の流れから甘い香りが来ると言っていたが、本当にそのように感じた。

神遣いの青鷺と鷹

駐車場で挨拶をする。ここでお別れの方もいるからだ。このツアーは三種類ある。ここで終わるもの、これから銀河高原ビールの工場ホテルに宿泊するもの、そして明日のオプショナルツアーに参加するものとだ。

みなさんに感謝の念と、姫様の祝福の話をまとめ解散した。解散したと言っても、これからほとんどが盛岡駅までまた高速を使い向かう。そこから帰る人、沢内村にある銀河高原の元へ行く人と分かれる。先頭は私のパジェロイオ。出発してすぐのことだった。

「あれは何?!」

神の遣いの青鷺（岩手県）

「えっ？　うわ〜なんだ？」

「河童に見えたけど、あれは青鷺だな。大きいね〜。じっと立ってる。まるで待っていたみたいだね！」

「本当だ！　青鷺ですね。あれは神の遣いですね」

「そうだね。まさしく遣いだね……」

まだ避けない。かなり近づいてやっと飛び去った。不動の姿勢で横に立っておられた。よく来てくださったという、見送りの意志を感じたのであった。


盛岡駅には銀河高原ビールのホテル、アネックスの送迎バスが待っていた。岩手県内の方の参加者の車と私以外はみんなバスに乗り、ホテルへ向かった。

さあ、今日はもう宴会。それも出来たて銀河を飲み放題。原点参拝の後はこれだ♪　温泉に入って乾杯！　全国から集まって全国の方と飲んでお話しする。これがいいのだ。

あっという間にお開きの時間となった。そこで、〆の挨拶となったのだが、私はここで一本締めをしようと思った。掛け声は「姫〜」。「※ジュリ〜」の感じですよと、見本を見せてからやった（笑）。

「ではいきますよ。ヒメ〜　パン！」

決まった。三十六人の一本の音。気持ち良かった。その後、また自由に温泉に浸かり、私の部屋で二次会を朝方までやったのだった。

あまり寝てないが、翌朝なんとか起きロビーへ。今日もいい天気。外へ出てバスを待つ時もみんな笑顔だった。これで帰る方はバスで盛岡駅に行って解散。オプショナルツアーに参加の方は、盛岡駅で借りるレンタカーと私の車に分乗し、遠野へ向かう。

そうなのだ、当初予定していなかったのだが、あまりにもリクエストが多いのでやることにした。何度か書いているように、遠野は三年前に正式参拝をしている（『愛舞』参照）。が、その時に行けなかった人もいるし、その後に私を知り、本やCDを聴くようになった人も多いのだ。それを理解した私は遠野のオプショナルツアーを決心した。座敷わらしの出る〝民宿わらべ〟に泊まるだけでもいいものだ。すぐ側には早池峰神社があり、猿ヶ石川が流れる。川沿いには自生しているホップもある。ビールの原料の一つだ。それだけで、遠野の自然の中にいるだけで癒される。自然は神。

レンタカーの準備も整い、出発。なんと十人乗りの車を是永さんが運転！　助かるな～。のんびりした日だった。『意識』に載せている奇跡の香りの場所また場所で止まり、解説しながら遠野へ向かった。この日、香りはしなかった。

民宿わらべには予定より一時間半ほど遅れて着いたが、前もって連絡したので安心して待ってくださっていた。懐かしいご主人、奥さんが笑顔で迎えてくださった。そしてすぐにみんな長靴に履き替えた。これから早池峰神社のご神体とも言える、又一の滝へ行くのだ。以前はご主人さんがガイドしてくださったが、最近体調を崩したとのことで、知人お二人にお願いしてあり、お二人が誘導してくださった。感謝。又一の滝も懐かしい。みんなで山道を歩いた。テクテク……テクテク……。途中何ヵ所かある沢を渡る。橋が壊れているところは手を取り合い渡る。この為に長靴が必要なのだ。私は熊よけの為に、鈴をならしながら歩く。リンリン……リンリン……。

又一の滝にて（岩手県）

見えてきた。みんな歓声を上げげる。やはりここも素晴らしい。不動の滝とはまた違った素晴らしさ、凄さがある。双璧だ。みんなで参拝した後、それぞれに時空を過ごした。私は、三年前の時に参加したお子さんがしたように、右上の岩を少し登ったところにある座れる台までよじ登ったりした。その時、デコポン高田さんが写した写真に不思議な光が写った（口絵5右下）。手と手の間にハート型の虹色に光るものが写っている、これはなんだろうか……。

　下山し戻る。途中、熊が削った木があった。やはり熊が当たり前にいる地域なのだ。車止めに着き早池峰神社へ参拝しに戻った。その時だった。運転しながら上空が気になった。何かいる。鷹のようだが、ず～っと私たちの車と同じ速度で少し前をリードして飛んでいる。道がカーブしたら鷹も同じくカーブして飛んでいるのだ。後続車にも分かるように、窓から右手を天に向けた。それがもう少しで神社に着くというところまで続いたのだった。

　これも桜松の青鷺同様に、神の遣いだった。今度は早池峰神社のお迎えの使い。ところで、この写真の雲。愛媛から参加の宮谷さんの撮ったものだが、人の顔に見えないか。目もしっかりとある！

神の遣いの鷹と人面雲（岩手県）

※ジュリ～
永遠のアイドル、沢田研二さんの愛称。

奇跡の黒板

神社の右横に車を止め、案内のお二人にお礼を言い、『瀬織津姫』のＣＤをプレゼントした。さあ、参拝。まずはみなさんに、鳥居の右にある座敷わらしの杉で、木霊の音を聴いた話をした。これは『物語』に記したことなので、みなさん知っている。これがその木か……と感動している。

鳥居を一礼しくぐった。素晴らしい山門をくぐり参道を歩いている時だった。突然、綿菓子の甘い香りが……。みんなそれに気付く。ありがたい……。この神社では甘い香りはあの三年前にもあったが、綿菓子は初めてだ。

この降ってくる香りだが、面白いもので、綿菓子が出てくるとしばらく全国（全世界）どこへ行っても綿菓子の香りが続く。その前はバニラが続いたものだった。もちろん。今でも、バニラ、カサブランカ、墨汁などあるが、ある香りがブームのように続く期間があるのだ。

拝殿まで歩き、全員で参拝した。それからとなりにある廃校になった小・中学校を訪ねた。小さく可愛い学校。現在は資料館となっている。それは知っていたが初めて入った。管理人のおじさんも親切だった。蜂蜜も売っていたので三つ買い、校内をいろいろ回っていた。す

資料館の黒板の数霊（岩手県）

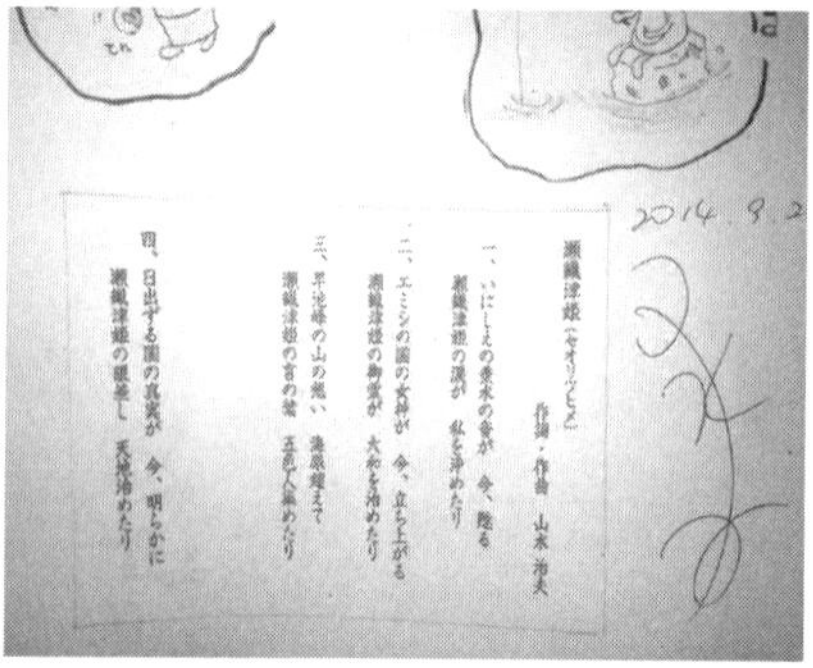

私の書が資料に（岩手県）

ると驚くことの連続が始まった。

まず、私の書の中の文がコピーして貼り出してあったのだった。早池峰神社の部分や、瀬織津姫の歌の歌詞の部分。驚いた。その内誰かが管理人のおじさんに、あれを書いた方ですと私を紹介した。おじさんは驚いておられた。（蜂蜜を三つも買っておいて良かった。笑）おじさんはコピーしたもの（資料となっている！　笑）を全員にコピーして渡してくださった。コピーする前にサインした。ピアノがあり、みんなで『瀬織津姫』を歌った。おじさんは、資料の歌を生演奏、合唱で聴くことができ（それも作った本人の伴奏で）、とても喜んでくださった。

それからだった。最後の奇跡、姫の遊戯があったのは……。

ある教室の黒板にいろいろ書いてあって、小学校だから右下にその日の当番の名前を書くところがあり、座敷童子と書いてあるのだが、その隣にミカさんが山水治夫を書きましたよ～と教えてくれたので、それを見に行った。笑いながらそれを見て、もう部屋を出ようかと思った瞬間、私は固まった。周りの人も固まった。なんとその上に書いてある日にち……。

二月十一日

もうみんな「ワ～ワ～」騒ぎ炸裂！　もう姫様には観念するしかありませぬ。全員がそれを目で実感した瞬間だった。

実践・ブッタの教え

民宿わらべに戻り、順序良く風呂に入って夕食の時間。少し前からわらべさんは、夕食無しの宿になったそうで、持ち込みとなっていた。それはここに着く前にビールなども用意していたので、それをみんなで広げ楽しくやっていた。

そこへ座敷わらしならぬ、〝※座敷荒らし〟が来たのだった。これはとても貴重でいい授業となった。これも体験。誰が見ても分かる見本だった。

最初は笑顔で挨拶に来ている人たちだった。ところが、その数時間後だっただろうか、文字通り鬼の形相、声になり怒鳴って入ってきたのだ。別人以上と思えるほどだった。悪霊に憑かれると、人はどのように変化するのか、どのような顔になり、どのような声を出すのか。標本になりそうなくらいだった。

そして、ここからが一番の授業。その座敷荒しに対してどう対処するか接するかを、私はみんなに見せていた。ところが、途中数人が暴走した。つまり、その悪霊に憑かれた人を相手にしてしまったのだ。無視をしないで相手もしない方法を私はみんなに行動で教えていたのだが、分からない人が反論してしまった。

相手の言うことを受けなければ、それは放した相手に帰る。これはブッタの教えでもある。もう少し具体的に書く。ある人が、相手に物をあげようとしたが、相手がそれを受け取らなかったら、その物はどうなるか。その人に戻ってしまう。つまり、今目の前で起こっていることに当てはめてみると、悪霊に憑かれた人が怒鳴ってきても、それに反応しなければ、その人はただ壁に向かって怒鳴っているにすぎず、本人に跳ね返っていくだけ。それは〝毒を食わない〟ということなのである。その内に、こちらにいらっしゃる姫様の光にシュンとなってくるもの。それを途中で数人が反応し、弁解をしてしまい、毒を食ってしまったために時間がかかってしまった。その時、騒ぎに気付いた民宿のご主人さんが来てくださったこともあり、難を逃れみなさん床に着いた。

しかし、逃れた後も、好んで悪霊の波動に入っていく人がいて、深夜まで相手に怒鳴り声を上げさせていた。毒を食った人だが、一人はその後大丈夫だが、一人は未だに這い上がれないままである。一見悪いことに見えるだろうが、なかなかこのような体験はできない。

※座敷荒らし
この話を後日耳にした、第四章に登場する大分の満山興導寺の摩尼住職がおっしゃった。

カッパ渕と滝沢神社

翌朝、やはり座敷わらしが出たようだった。今回は二階の〝座敷わらしの部屋〟で。しばらくこの部屋で出た話は聞かなかったが、やはり健在だ。

多くの人が朝の参拝に出かけたそうだ。そして境内で木霊の声を聴いたという。素晴らしい。早池峰神社もそうとうお喜びだ。

解散地の新花巻駅へと出発した。もちろん道中、瀬織津姫様の神社を参拝する。早池峰神社のすぐ手前にある神遣神社、そして私の大好きな倭文《しとおり》神社と参拝した。倭文神社では甘い香りが降ってきた人もいたようだ。そしてみなさんから行きたいとリクエストのあった、カッパ渕へ。ここでもとんでもないことが起きた。

常堅寺の境内から入っていく。その境内にある狛犬がカッパになっていて、頭のお皿に賽銭が置いてある。そして、渕、川へ。小さな小川なのだが、ここに昔カッパがいたのか～とみんな繁々と見る。

私はこの川沿いにミズハノメを祀る祠があると、どこかで見た記憶があったので、この二回目の訪問に喜んだ。しかし、見当たらなかった。それはまた次回の楽しみに取っておくとして、奥にある稲荷神社を参拝した時だった。突然、濃厚な綿菓子の香りが降ってきたのだ。これにはまたみんなが仰天＆歓喜！

「そうだよね～、この小川にあるお社が水の神社ではないのは不自然だもんね。ここもきっと以前は水神社だったんだろうね」

（あの滝沢神社の入口の前を通るぞ……）

これで一路新花巻駅への予定だったが、私は運転しながら時計とナビをニラメッコ。

（よし、行こう……。最初の鳥居までは何とか時間は大丈夫だ……）

滝沢神社とはデビュー本『物語』の中でもインパクトのある神社で、冬の中、遭難しそうになってやっとやっと探し辿り着いた伝説？の神社である。私は急に右折した。後続の十人乗りの運転手、是永さんも付いてきてくださる。山に入っていく路地を入ったはいいものの、なんだか前と様子が違う。私の記憶の画像と少し違うのだ、確かに入口にあった車の板金屋の看板も無かった。こんな田舎でも数年でどこか変化するのだろう。おじいさんが作業していたので、車から飛び降り、「ここをまっすぐ行くと滝沢神社ありますよね？」と訊いたが、そんな神社知らないという。まあ、これは慣れっこだ。「突き当りに小さな川がありますよね？」それはあるという。では間違いない。この道だ。

「進みます。付いてきてください。あの幻の滝沢神社の入口まで行きます！」

「ええ～！　やった～！　うれしい～！」

とマニアックな歓喜が木霊したのだった。私は細い砂利道を飛ばした。アップダウンも激しい。時よりバックミラーを見ると後続が見えない。やはり十人乗りの大型はかなりきついだろう。何回か待ってスタートした。

そしてついに着いた。幻の地へ。地元のおじいさんも知らない神社の入口へ。懐かしの鳥居も健在だ。みんな感動してくれた。それが一番うれしかった。姫様も「うれしい！」と言っていたに違いない。心地いい満足感で再出発。途中、水平虹と彩雲が出た。みんな喜ぶ。みんな口々に東北は素晴らしいと言う。そうだ。エミシの国。私がこの三十年間、毎年二回は最低通い続けているのも分かっていただけたと思う。

　こうして新花巻駅にて解散となり、それぞれの帰路に立った。私は秋田と青森の県境まで行きイワナを釣った。その川、以前は練馬ナンバーや横浜ナンバーもあり賑わっていたところだが、３１１以降、崩れた道もそのままで、私は草の生い茂る崖の道を歩き、川までたどり着いた。そうまで釣りをしたいかって？　はい。天然の美しいイワナを釣った。

第八章

消えていく

琵琶湖で透ける

十月になった。神無月か。まあ神話は神話でいいね。二日に読者&リスナーの裕子さんが、千葉県内にあるという祓戸神社を紹介してくださることになった。そこは成田。実は、成田に祓戸があると、かすかに情報が入ってきていた時期があったのだが、判明しないままだったのだった。それを思い出させていただき感謝だった。私のパジェロイオで出発。成田までは結構ある。

途中、流山市内を走っている時だった。大きな神社の前を通過した。急ブレーキ、急Uターンした私は神社の駐車場に止めた。諏訪神社だった。

「すみませんね〜。いやね、こんな大きなお社だったら、もしかして末社に祓戸神社でもあるかもしれないと思ってね」

そう言いながら鳥居で一礼し入った。まずは拝殿で参拝。それから境内をくまなく回った。

「うわ〜!」

最後にあったのだ。その祓戸神社が……。たまには勘が当たるものだ。

感動してまた出発。目的の成田熊野神社にある祓戸神社も参拝し、溜飲を下せた。こうして、夏に続き新たな祓戸神社も見つかっていく。ちなみに、祓戸神社も瀬織津姫を本名で祀っている社としてカウントされる。それから帰りに裕子さんの実家へ寄った。というのは、庭に小町弁財天があるというのだ。寺社にあろうが一般宅にあろうが関係ない。参拝させていただいた。

二十五日。七夕の時の川島伸介さんとのコラボで、司会もしてくださった天空さん（兒玉哲明さん）と、コラボをすることになった。天空さんはこれまでの私の書にも、口絵や文中の写真に写っている。会場は天空さんの住まいにも近い琵琶湖の彦根。昨年の十月、クリスタルボウルのニコニコけいこさんとコラボをしたところだ。瀬織津姫の本名で祀られている神社参拝達成ツアー後、直ぐに行われた会（『意識』参照）。

瀬織津姫大神の強大な神威に畏れを抱き、政治的有利を確固としたものにしたいがために、陥れ封じた側の藤原一族の本拠地であり、またなんと、藤原不比等邸のあった地にての開催だったのだ。そう、〝夏川記念館〟。昨年の会で不比等と和解した。

今回も地元のミキさんがお手伝いしてくださった。感謝。ここはスタンウェイのグランドピアノがある。

チベット衣装を着ている天空さん。似合うな〜。今日は天空さんから始めることになっていた。始まる直前に私は後ろの客席に座った。その途端、上から嗅いだことのない甘いお花の香りが降ってきた。それを告げると周りの人も分かり騒然となった。

天空さんはまずシンギングリンを鳴らした。そしてトーク開始。天空さんも話しが得意な方。うらやましいな～。あのようにスムーズに話しができるようになりたいもの。そして彼の一番素晴らしいところは陽気なところ。誰も敵わない♪


私の番になり、まずはピアノから始めた。姫を想い弾いた。ほとんど目を閉じて弾いた曲もあった。私はどんな曲を弾いても姫のことを無意識で想っている。『マグダラのマリア』を演奏していても瀬織津姫のことを想っていると言っても過言でない。もちろんイコールなので問題はない。話は何を話したか思い出せない。この日も言わされていたと思う。抽選会もハワイでのお土産を含めて、みなさんに楽しんでいただいた。

懇親会も大盛り上がり。銀河高原ビールもあり～ので、さらにご機嫌な私。そこに主催のデコポン高田さんが来た。

「ヤンズさん。見てください……」

「なに？」

「ほら、ピアノを弾いているヤンズさんが透けています。これは瀬織津姫を弾き語りしているところですが、身体の後ろからピアノが見えます。鍵盤も透けて見えてます！（カバー写真）」

「うっわあ……　なにこれ……」

話には聞いていたが、まさか自分がこうなるとは思ってもみなかった。そしてここからが不思議なのだが、それを私や他の人のスマホやパソコンに転送しても、そこでは透明になっていないのだ。高田さんのスマホでだけなのである。これは撮られる方も、撮る方も両方の次元、周波数の一致が必要なのだ。両方揃ってこのようなことが起きる。

「これなんかもっとすごいですよ……。もう身体が消えかかっています。向うのカーテンの下の棒が写っています（口絵1・本扉）」

「うわ……」

「スケルトンヤンズですね！」

「いや、スケルトンって骸骨の意味だから……、この場合はシースルーヤンズだね。でもそういえば、スケルトンのスケルって透けるの漢字と同じで面白いね！（笑）」

やはり瀬織津姫という宇宙の根源神は計り知れない。この神を憶念、無意識に自分と合一してしまうと、まだまだ未知なる至福が待っているのか……。

『瀬織津姫意識』出版

前々シリーズの『愛舞』の次に『セオリツ姫・シ♭』を挟んだ関係で、シリーズ7作目の『瀬織津姫意識』が少し遅れての出版となった。その関係もあり、期間が長くなり内容（ページ数）も膨らんだ。それで思案した結果、上巻、下巻と二冊に分けることとなった。発売も一ヵ月ずらす。で、まず上巻が十月三十一日に出版された。

この書にも思い入れがある、上巻にインド、下巻にセドナが入っているが、それぞれ素晴らしい奇跡の連続の旅であった。また、基本的にではあるが瀬織津姫の分かっているだけの、全国の本名で祀る神社すべてを達成した期間の書でもあった。一人地震が伝染するなど思いもよらぬことも何度となく起きた。何よりも姫と一つになる感覚、意識を記した書である。その意識が揺るがず確固たる芯を築き、愛する地球の大地に根を張ることがアセンション、次元上昇の基礎である。それを表せた書だと自負している。もちろんこれまでのすべてだが、姫が書かせていると分かっている。

この書、『瀬織津姫次元』で8シリーズ目になる。

『瀬織津姫物語』『瀬織津姫秘話』『瀬織津姫愛歌』『瀬織津姫伝説』『瀬織津姫神話』『瀬織津姫愛舞』『瀬織津姫意識（上・下）』そして『瀬織津姫次元』。

最後の二文字を考えるのも楽しいものだ。というかあまり考えることもなくスイスイ決まった。作曲と同じ。

ドイツ人と

ドイツ人と聞くと誰を思い出す？　私は当然、ベートーヴェンだ。『命・シ♭』にもしっかりと記した。

川島伸介さんと新潟でコラボの依頼が来た。主催は夏目さんと岩田さんのお二人。翌日に聖地ツアーもするスケジュールとなった。

タイトルは『新潟発！　縄文の女神の復活祭～奴奈川姫とマリア様～　山水治夫氏&川島伸介氏と巡る～越の国の姫神ツアー』

マリア様とあるのがこの会のポイントだった。十日町にマリア観音がある寺があったのだ。それを岩田さんが知り、感動され、ぜひトーク&ライブと翌日にそこを行くツアーを組みたいと思われた。

まず初日のトーク&ライブの会場だが、十日町は松代の〝まつだいカールベンクス・ハウス〟。ドイツ人の建築家が古民家を改造して開いた店だそうだ。

縄文衣装の主催者・岩田さん、夏目さんと（新潟県）

カールベンクスさんと著者（新潟県）

十一月九日の朝、東京駅で伸ちゃんと待ち合わせし、上越新幹線で新潟へと向かう。越後湯沢から在来線に乗り換えるのだが、そこで関東から参加の方たちと合流。同じ新幹線に乗っていたのだ。

会場に到着した。うん。外見がドイツっぽい（まだドイツの土地は踏んでいないが）。主催の夏目さん、岩田さん、そしてカールベンクスさんもスタッフも準備を始めてくださっている。主催のお二人は縄文の衣装に。

私はすぐにグランドピアノを調律。なんとここもピッチ（高さ）が４４４Hzくらいになっているではないか。通常、調律は下がって狂うものだが、稀にこのように高く狂う場合もある。ラッキー！『５２８』の書を出してすぐだったが、みなさんにその音の高さで演奏できることになった。詳しくは『５２８』を読んでいただくとして、調律の基本の音のラを４４４Hzから調律すると

（通常は４４２Hz）、その上のドの音が昨今話題の５２８Hzに近い音になるのだ。始める前に、「今日は５２８でやります」と言うと歓声が♪

今回も最後に『たこ焼きソング』を二人で歌った。そこに、カールベンクスさんからピアノのアンコールが……。いつかドイツへはベートーヴェンを求め行くとは思うが、そのピアノの本場のドイツの人からアンコールなんて、なんだかうれしかった。ありがたく『サント・ボーム』を弾いた。するとまたアンコールを。感謝して『ＨＡＬＦ』で〆た。

マリア地蔵の金色オーブ

翌日、私と伸ちゃん、そして主催のお二人の推薦をミックスしてツアーを行った。集合場所に十数人が集まり、スタート。

記憶に残ったところを記す。もちろんあの犬伏の松苧神社へも行った。上がった。奴奈川姫を祀る山のてっぺんにある社。カサブランカの甘い香りが雪崩のごとく降り注いだ社。そう、今回の主催の一人の岩田さんと行ったのだ（『意識』参照）。

「あの鳥居をくぐったところで、行きと帰りに濃厚なカサブランカの香りが雪崩のようにドドーッときたんですよ！」

説明する私も、あの時を思い出すだけで興奮する。しかし、案の定、今日は来ない。このように意識しては普通来ない。あともう少しで山頂ってところにきた時だった。

「あっ！　綿菓子の香り！　甘い……」

思わず叫んでしまった。近くに伸ちゃんもいて、

「わ～、なんやこれ、ほんまに綿菓子や～！」

それからみんなの、綿菓子綿菓子！が木霊した。

もう一つ記したい。今回のツアーの目玉、この十日町の松之山湯山にある松陰寺。マリア観音、マリア地蔵がある隠れキリシタンの地だったところにある寺だ。岩田さんはこれまで、地元にこのような寺があるとは知らなかったそうだ。最近マリア様に、より一層意識が行くようになって知り、感動したという。そこに案内された。

お堂は開いていなかったので、外から見て写真を写した。するとマリア地蔵のところに金色のオーブが写った（口絵5左下）。金色オーブは久しぶりだな。それぞれが境内を散歩していた。私は何気なくお堂の先にある石段を下がっていった。

あれ、これは何だ？　右手にたくさんのお地蔵さんが無造作に置かれているのだが、その中で一体雰囲気の違うものがあった。何かを前に抱えている。

（あれ？　これは……）

このお地蔵さん（女性）が抱えているものは、聖書だ……。

「おーい！　みんな！　ここへ来て！」

やはりこのようなお地蔵さんは見たことがない。気品に満ちている。ありがたく皆々が手を合わせた。

夕方、時間の許す限り回った。夏目さん&岩田さん。

聖書を持つ地蔵（新潟県）

ありがとうございました。

第九章

私は龍になる

五島列島

十一月二十七日。七時二十五分発長崎行きの飛行機に乗る。初めての島、五島列島へと向かう。なぜ、この隠れキリシタンでも有名な島へ行くのか。それは、この島に水神社があると知ったからだ。祭神は瀬織津姫の別名の罔象女神《ミズハノメ》。新潟の隠れキリシタンの寺へ行ってきたばかりだったが、私は隠れキリシタンマニアではない。しかし、水神社の為に滅多に行かない、行けない島へ行くのだから、教会や隠れキリシタンの文化も味わいたいと思った。どうせレンタカーを借りないと島では動けない。二十九日に長崎でソロ、三十日に福岡は糸島で、どん爺さんとコラボトーク&ライブが入っていたので、レンタカーの定員の五人、つまり私を抜いて四人だけ二十九日の長崎に参加される方を対象に、一泊の五島列島姫旅ツアーを募ることにした。すぐに集まった。ふーみんさん、是永さん、デコポン高田さん、ミカさん。

長崎港からジェットホイル・ペガサスに乗り、南五島列島の福江港に着いたのは、午後零時五十五分。晴天！

ニッポンレンタカーで借り、さあＧＯ！　この時、私は十二月にリリースする私の四枚目のオリジナルアルバムの『やまみずはるお』のほぼ出来上がった音源ＣＤを持ってきていた。

水神社の鳥居（長崎県）

堂崎天主堂の聖母マリア像（長崎県）

その一曲目が『ＧＯ！』という曲で、それらを披露しながらのドライブとなり、みんな喜んだ。

長崎トーク＆ライブ主催の森さんから送っていただいていたパンフレットを参考にいろんな教会を回った。ここで学んだ言葉。この島の方々は隠れとは言わず、潜伏キリシタンと言うとのこと。隠れていたんではないと……。うう～ん、なるほど……。一つの教会でエレクトーンで『マグダラのマリア』、『クリスマスナイト』などを弾くこともできた。

そして本命の水神社を探した。島へ行く前に調べると水神社は三社あった。うれしかった。

最初の一社目から苦戦した。全国どこでも同じことの繰り返し、第一村人発見から数えて、何人目かでやっと近くまでたどり着き、発見……の繰り返し。最初の水神社を発見した時には、あまりもの感動で、鳥居に抱き付いた私……。

夜は民宿に泊まった。夕食は少し離れた食堂でだった。民宿を出てみんなで歩いていて、ふと夜空を見上げると、UFOが。みんなで確認した。

翌朝、今度は上五島へとまた船に乗る。長崎港から朝一番の便が、福江に寄りそれから北の島へ行くのだ。ここで森さんと、杉田かおる似の方と船内で合流。北の島は形が十字架っぽいと言われている。まあ、そう見えなくもない。

奈良尾港に着く。ここからは、森さんの知り合いの、松尾先生がお世話をしてくださることになっていた。感謝。この日の夕方の便で長崎に戻り、劇団四季のイエスがテーマのミュージカル、『ジーザスクライスト＝スーパースター』を鑑賞する手配を、森さんがしてくださっていた。偶然七枚だけ残っていたという。なにもかもタイミングばっちり♪

松尾先生の八人乗りの車でGO！　上五島には水神社はない。森さんや松尾先生の推薦の神社＆教会を巡る。ある峠近くを走っている時だった。突然、車内に温泉の硫黄の強い香りが充満した。窓は少し開いていた。私は松尾先生にこの辺に温泉があるのですねと尋ねた。するとと、

「今、温泉の匂いがしましたよね⁈　この辺にはどこにも温泉ありません！」

と驚きの声を上げられたのだ。残る全員も驚きの「え〜‼」。とにかくあまりにもリアル

青空に映える教会（長崎県）

で強い香りだったからだ。私は過去に宮城県の寺で体験があるが（『意識』参照）、この二回目も強烈だった。イメージとしてはやはり男神様的に思ってしまう。

　この二日間で五島列島の南と北、両方を回ることができた。森さんと松尾先生に感謝。参加のみなさんも、たくさんの教会に寄り、マリア様に手を合わせることができて、喜んでいた。

　長崎港へ向かう前からだが、この日は雨風が結構強く、船は出たもののの揺れがすごかった。ほとんどの乗客がだめだった。それほどの揺れだった。私は目をつむり上下の揺れに合わせてラマーズ法でもないが、呼吸を合わせてなんとか忍んだ。

　劇団四季は良かった。なんとこれが劇団四季デビューの私だった。長崎でデビュー。

長崎・マグダラのマリア

　翌、二十九日。『瀬織津姫意識 下巻』発売。そして、森さん主催の二回目の長崎でのトーク&ライブ、『瀬織津姫ツアー in 長崎第二弾　山水治夫さんと88の瞳』開催。四十四人限定の会だった。

今回も午前中に集まれる人で神社、教会と回った。まずは懐かしの諏訪神社。ここは『愛歌』にも載せたが、滑稽な狛犬が多くいる神社としても有名である。鳥居を上ってすぐある姫様の祓戸神社にまずは手を合わせる。ここの狛犬も逆立ちしている。

今日は、この諏訪神社で正式参拝を予定してくださっていた。感謝。それが終わり、今度は大浦天主堂へ。あまりにも有名な教会。そしてここでも多くの人が甘い香りを体験したのだ。よかった。


さあ、トーク&ライブ。今回の会場も港が見える素敵な場所だった。始まってしばらくして三曲目の『マグダラのマリア』を弾き終えた時だった。

「ヤンズさん！　すごいです！」

と、突然、森さんが立って話した。私は、今の演奏がすごかったと褒めてくださったのかと一瞬思ったが（笑）、違っていることにすぐ気が付いた。とんでもない濃厚な香水のような香りが店内に充満しているのだった！

（すごい……）

懇親会の様子（長崎県）

本当に有り難いこと。姫様ありがとうございます。初の体験者は度肝を抜かれたことであろう。信じられない気持ちの方もいたかもしれない、それほどのものだった。この香りだが、室内でも、野外でも、淡い時と、濃厚な時。ピンスポットで個人的に来る時、今回のような部屋全般に充満する時と、様々であるが、何となくの淡い感じでなく今回のように、噎せ返るほどのものだと、そんなことがあるわけないと理性で考えてしまい、何か匂いの元があるにきまっていると懐疑的に思ってしまう人も出てくるかもしれない。まあ、これを何百回も体験すれば理性で考えることも無くなり、ただただ神の恩恵、祝福にただただ感謝する人になっていく。そして自らも香りを発する人となる。次元となる。

懇親会も同会場で楽しく盛り上がった♪

糸島の虹と松ヤニの香り

翌三十日。北上し福岡へ向かった。雨模様だった。糸島の櫻井神社の境内と言っても過言でないところに、今日の『山水 治夫&どん爺 スペシャルコラボ』の会場がある。古民家を改造し宿泊もでき、会もできるようになった〝てらとこ家〟。しかし面白い。主催の、ふーみんさんは名前が糸瀬さん。糸島で瀬織津姫の会をするのだ。

会場に向かっている間に、今日、和歌山県から車で参加の黒山さんより、超素晴らしい写真が送られてきた。二見浦で数分の間出た虹だった（口絵5下中）。お見事！ その数分間にその場にいられる、もとい、いる時に現れるのが祝福というもので、黒山さんという方が分かるというもの。

どん爺さんは、『命・シ♭』にも登場されるが、福岡在住で文字や絵などから神事を解く面白い方。人生の先輩でもあり、とても優しい方。教わることが多い。

まずは、どん爺さんからプロジェクターを使い、長年過ごしておられたフィリピンでの話も、普通体験しないような人生の一コマを、映像と共に垣間見せてくださった。

次に私の番だが、この日は韓国製のピアノだった。糸島で韓国製のピアノを弾くのも乙なもの。事前に私が調律したが、修理も少し必要だった。ヤマハなどと比べて動き的にはスムーズではなかったが、吹き抜けの会場に合っていたのか、響きがとても良かった。

弾いて、瀬織津姫の話をしてを繰り返していると、初参加の月川さんが何か言われた。よ

どん爺さんと合奏（福岡県）

く聞くと、「松ヤニのような香りが降ってきてます！」と言う。すると、「します、します」の声が。松ヤニとは珍しいが、墨汁と同系統の香りだろうか、ピンスポット的に降っていたようで、私には分からなかった。

最後にどん爺さんと二人で合奏した。彼が最近習い始めたというヴァイオリンで、『瀬織津姫』の曲を合奏したいとリクエストがあったので、やってみることに。緊張され本来の演奏ではなかったようだが、初の楽器とのコラボだったので、『瀬織津姫』の曲も喜んでくれていたと思う。

一社目見つかる

翌日はすぐに東京に戻らず、夕方の便までの時間を姫旅した。ある、かなりの目的、探し参拝する神社があったのだ。私は『意識』に記したように、一応、全国の瀬織津姫の本名で祀ってある神社は分かっている範囲の中で達成した（祓戸神社を含む）。約六百五十社あった。しかし、しっかりと書いておいたが、まだまだあるはずだし、かすかな情報があり、その先が分からないという社も少し残ってはいた。これからまた少しでも見つかって参拝できれば至上の喜びなのだ。

その本名で祀る一社目があったのだ。情報がしっかりと入ってきたのだった。それが糸島のある福岡県内だったので、これを機に探さない手はない。三月に糸島で主催をしてくださった師匠の車で、ふーみんさんと三人で探しに向かった。

社名は速瀬神社。祭神が、文字通り速秋津姫と瀬織津姫の二柱。とんでもない興奮と喜びがドドド〜とやってきた。

車は遠賀郡芦屋町の海へと向かう。目的の漁港というか、魚市場のようなところへ着いた。ここから河口へ歩いていくとあるようだ。市場は今日休みのようだった。立て看板にギョッとした。「密出入国は止めるように」というようなことが書いてある（へ〜場所が場所なら書くことも違うもんだな）。休みで良かった。でないと、入口で何しにきたかを訊問されたかもしれない。河口へと強風の中、歩いた。雨も時より強く降る。

あそこかもしれない……。写真で見た石の社殿が見えてきた。

速瀬神社に手を合わせる著者（福岡県）

あった……。恋い焦がれるという表現も間違いでなかっ

たかもしれない。達成からやっとあった一社目。これからもあるだろうが、本当に喜んだ。そして中を見ると、

（ウワ〜……）

両姫の名がしっかりとある（口絵6右上）。また感動で……。それからは、飛行機の時間が来るまで、どこか神社へ連れていってもらったと思うのだが、気の抜けた私はまったく思い出すことができない。

こうして五島列島から始まった九州ツアーが終わった。

倍音・『やまみずはるお』リリース

十二月十四日。この年（平成二十四年）最後のトーク&ライブは関西に決まった。デコポン高田さんが、またもやスタンウェイの松尾楽器で開催してくださることになったのだ。感謝。西宮にある素晴らしい会場だ。

クリスマスが近いということで、今回はシスターではなくサンタさんだった。そしてこの日の用意されたピアノがまた素晴らしい響きだったのだ。『528』を出版したばかりの私にとって、そしてみなさんにとっても、最高のおもてなしになったのだった。

『528』を出してから、私はその時々の会場のピアノを鳴らし、倍音チェックを参加者のみなさんとやっている。本に書いた倍音が実際に聴こえるかどうかを試すのだ。

ほとんどのピアノは最初の不協和音の倍音である〝シ♭〟は聴こえる。ところが、その次の不協和音の〝レ〟となるとなかなか聴こえるピアノはない。ところがだ、この日のピアノは、そのレの上の〝ファ#〟までも聴こえてしまったのだった。スタンウェイといえども、一台一台違う。記憶にないほど素晴らしく倍音が豊かで鳴る、つまりいい音のピアノだった。

四ヵ月連続発売の書、CDを持つ（兵庫県）

そしてこの日、参加者のみなさんがまた喜んでくれることがあった。二十一日リリースの私のヤンズレーベルの四枚目のオリジナルアルバム『やまみずはるお』の完成が間に合ったのだ。会場に持ってきた。五島列島で初披露した『GO！』から始まり『愛しくて切なくて～私は龍になる～』で終わる全16曲を、世にプレゼンテーションした。このCDは初の紙ジャケットのCDで、表紙は私の書道の「やまみずはるお」の文字を使った。山本光輝先生の、いろは呼吸書法の公認講師である近藤かよ子さん指導の元、書いたもの。このCDのリリースで、九月（『528』）、十月（『意識（上）』）、十一月（『意識（下）』）と、四ヵ月連続のプレゼンテーションとなった。有り難いことである。これもすべて姫様がやってくださったことと感謝している。

クリスマスになった。毎年恒例の、故郷は越中富山に帰省する時でもある。調律の仕事をする。そんな中、この夏に帰省した時に、紹介で調律を頼まれ行った牧野さんから、あるところへ行きませんかとお誘いを受けた。高岡市の〝久乗おりん〟という仏具屋さんだった。普通の仏具屋ではない。音楽に使うおりんも、ある時から製造するようになり、今では528Hzに調律したものもあるという。社長夫妻と仲がいいということで、紹介してくださることになった。

久乗おりんと社長（富山県）

私も知っている高岡市内の道路を進む。市内の川を渡りすぐに右折。（もう少し行けば瀬織津姫の速川神社があるところだな〜）と思ったりしていた。

着いた。まず奥さんが出てきてくださり、おもてなしを受けた。私の『物語』も持ってきてくださった。ありがたい。ご主人さんも来られ、いろいろと説明を受けた。『528』を出したばかりの私。為になればと多少の説明もさせていただいた。

とにかく、この久乗おりんは、仏具の専門家が作っているだけあって、素晴らしいの一言。まあ、ご夫妻も理解してくださっているが、Hzはどうしてもすぐ変動してしまうものなのだが、それは大きな問題ではない（『528』参照）。この久乗おりんは、三月に開通予定の北陸新幹線新高岡駅の発車音に使われるという。ご主人さんはまた、この写真のような、音階を持つものも見せてくださった。倍音もよく出ている。いやはや感動した。

二社目見つかる

東京オリンピックまであと五年となる、２０１５年の年が明けた。実家の越中富山でゆっくりしていた。私は人生で東京オリンピックを二回迎えることになるのだ。一回目は幼少時で、一番上の兄が地域の聖火ランナーで走ったのをなんとなく覚えている。

そんなことを思い出していたら、思わぬニュースが舞い込んだ。新たに瀬織津姫本名で祀る神社が見つかったと。それも隣の越後は新潟県。では、帰京する途中に寄ることができる。毎年正月明けに新潟市でピアノ調律の仕事を一軒こなしてから上京しているし、一石二鳥だ。

場所は村上市だった。村上市といえば、限りなく山形県に近いところ。地図をよく見ると、山形市よりも北にある。『神話』の時代に川内神社をやはり帰京前に探し、雪の中、参拝しているところ。

　情報提供者は、岩田さんが主催してくださる十日町のトーク&ライブに、いつも参加してくださっている村上市在住のNさんだった。新潟県は本州のひな形とも言われるが、日本一縦に長い。富山県側から入っても一番南から北へ行くことになる。

　約束の時間に着きNさんと合流。まずは、この地にある饒速日命《ニギハヤヒ》の社へ連れてくださった。石船《いわふね》神社。村上市にこの名の社があるとは耳にしていた。大阪にある磐船神社の分社である。『命・シ♭』を出版した私も、必ずやいつかは参拝しなければと思っていた社だったので、とてもうれしかった。そしてもっと驚いたことは、この社に後に貴船神社が合祀され、その祭神である、罔象女神《ミズハノメ》、高龗神《タカオカミ》、闇龗神《クラオカミ》の別名三神が祀られていることだった。偶然なのか、この社は結局、命と姫の社となったのだ。

　さあ、目指すは本命の二社目となる神社へ。名前は〝大山祇《おおやまずみ》神社〟。山の神さまの神社だ。途中、目を疑う文字を見た。〝日本国〟という文字。Nさんにすかさず訊くと、山の名前だという。なおさら分からなくなった。ようく聞くと、昔、大和朝廷がエミシを制圧にし来た時に、ここまで制圧したという証に、山の名前を日本国としたとのこと。目から鱗だった。

自分はこれまでエミシの制圧を岩手県など、太平洋側ばかりに意識がいっていた。しかし、この日本海側からも北上していたのだ……。なんだか急に心が曇ってきた。

複雑な気持ちのまま北上し、だいたいの住所に着いた。が、神社らしき建物が見当たらない。止まったところは、村の公民館の真ん前だった。そこへ一台のジープが止まった。おじいさんが出てきて公民館の中に入っていこうとしたので、すかさず訊いた。

「？　私はその大山祇神社の氏子総代だ。参拝に来たのか？　今日、祭りでこれから準備にいくところだよ、ついてきなさいな」

公民館の横を通り、裏に出てそこにある小山の上に神社があった。これじゃ見えない訳だ。

「あと三十分もしたら宮司が来るから、話を聞いていけばいいよ」

「そうですか！　ありがとうございます。それではそれまで、同じ神さまを祀る川内神社を参拝してきます！」

大山祇神社の氏子総代さん（新潟県）

と、懐かしい川内神社へ向かった。同じ旧・山北村の地域だ。今回も橋から向うは除雪がしてないので、車から降り一キロほど雪道を歩く。参拝を終え大山祇神社に戻った。

宮司さんがいた。お忙しいところ申し訳ありませんと、瀬織津姫のことを訊いた。すると、川の向こうに昔、滝神社があって、それがここに合祀されたんだと教えてくださった。なるほど……。

こうして達成後の本名二社目を見つけ参拝し、Nさんにお礼を言い帰京したのだった。そうそう、Nさんはお土産に村上市の名物、鮭の酒びたしと、日本酒〝日本国〟をくださった。感謝。

111で龍になる

一月十一日。ぞろ目だが、自分の好きな11の日に、この年初めてのトーク＆ライブが武蔵は東京で開催されることになった。主催はＨＮＹＣ実行委員会。会場は目黒区は洗足。私はこの会のために、実家で毎日ピアノの練習をがんばった。それはある一曲のためだけにと言っても過言ではなかった。リリースしたばかりの『やまみずはるお』のラストに収録した『愛しくて切なくて～私は龍になる～』の評判が良く、それをこの日になんとか演奏したいと思ったからだ。元々この曲は『Ｆｏｒ　Ｍａｒｉａ　Ｍａｇｄａｌｅｎｅ』に収録した『愛しくて切なくて』をシンセサイザーの打ち込み録音でヴァージョンアップしたものだったが、半音の転調を繰り返す部分が好きで、それを披露しようと思ったのだ。

その内に、生演奏用のアレンジが浮かび、披露できるまで練習に練習を繰り返した。これまでのピアノ練習人生で一番練習した。オクターブの連続は腱鞘炎になる寸前までになった。なってしまうと、11日に弾けなくなるかもしれない。しかし、弾けるまで練習したい。私は賭けに出て、練習を繰り返した。すると、痛さを克服したのだ。腱鞘炎を乗り越えたというか、練習し続けても大丈夫な指、腕になったのだ。助かった。

111を迎えた。『「やまみずはるお」☆Happy New Year Concert 2015☆～瀬織津姫意識の目覚め～』。北は北海道、南は九州と、全国から集まってくださった参加者を前に、私は一曲目にその曲、New『愛しくて切なくて～私は龍になる～』を披露した。最初からすすり泣く声が右耳から聴こえていた。私は一番盛り上がるオクターブ演奏の連続の部分を魂を込めて演奏した。終わった瞬間、拍手喝采が聞こえた。

龍という言葉が浮かんだのは、88健ある最高音のドの音まで上っていく音運びになっていて、それが昇龍のようなイメージだったからだ。瀬織津姫は龍神でもある。またうれしい曲となった。

第十章

ブッタ、クリシュナの地へ

五度目のインド

十七日の成田。私は五回目のインド行きのメンバーの一人として、十一時三十分のテイクオフを待っていた。

自分でも信じられない。あれだけ良くない思いもしているインドへまた行くのか？　自分でも笑ってしまう。もちろん、素晴らしい思いもしているのも事実。奇跡を体験していることも事実。しかし、奇跡は日本国内でも毎日のようにある。なのに、なぜまたまたインドへ行くのか……。それは縁があるというしか説明がつかないってことになるのだろう。まあいい。考えるのはやめた。過去世でいたことは間違いないと分かっているし……。結果を見てもダントツ渡航回数一位の国となっているではないか……。複数回行っている国といえば、韓国が三回、フランス＆ハワイが二回。やはりダントツだ。諦めるしかない。

今回、一つうれしいことがあった。五回目にして初のブッタ関連のところへ行けるのだ。それは本当に楽しみだった。参加者はいつものＩさんとＯさん、私、釧路の原野さん、デコポン高田さん、そしてＩさんの会社のＭさんの六人。そういえば、一昨年十二月の四回目のインドも（『意識』参照）六人だった。

まず、デリー空港に十八時に到着。それから南インドのタミル・ナードゥ州のチェンナイまで国内線で約一時間のフライト。その夜はチェンナイのホテルに泊まり、翌朝、マイクロバスにて、前回同様ラマナ・マハリシのアシュラムのある、ティルバンナマライへ向かう。

最初の訪問地であるラマナ・マハリシのアシュラムに着いた。あのワイルドワン花の奇跡の香りは忘れられない。ホテルも前回同様にラマナタワーホテル。安心感がある。ホテルマン達は元気かな。詐欺のお勉強も熱心な、スーパーのブルーブラザースも元気にしてるかな？（笑）

チェックインしてすぐにサンダルとクルタに着替え、アシュラムへと牛糞ロードを歩き向かった。ブルーブラザースのスーパーはシャッターが下りたまま。一応、先輩の私は原野＆デコポン高田＆Mさんに牛糞への対処方法を話しながら歩いた。そうそう、『意識』に写真も載せたが、アシュラムへの道中、路地を左に入るとあったシバとパールワティーの素敵な絵を見せることも忘れなかった。

記憶の香りとスマホ乞食

ゆっくり歩いて七分くらいだろうか。アシュラムへ着いた。Iさん＆Oさんに続き、アシュラム内を一通り一巡する。それからすぐにシバが生まれた山、アルナーチャラ山を上がった。中腹の瞑想の館での、奇跡の甘い花の香りの記憶が蘇る。

途中、下界を見下ろせる大岩に着いた。休憩。その時だった。一匹のサルが近寄ってきた。すると上から歩いてきた一人のインド人が、棒で威嚇して追い払うんだよとジェスチャー付きで教えてくれた。すぐさまサルが愛嬌のある顔で近寄ってきた。人懐っこい様子でカワイイと思って見ていた。私の横まで来た時だった。いきなりバッグの中に手を入れようとした。素早い。私は咄嗟に立ち上がった。するとサルは先ほどまでの愛嬌のある顔から一転し、攻撃的な顔に変身していた。サル芝居とはこのことか！　私たちに攻撃してくる勢いだ。すると先ほどの威嚇を教えてくれていたインド人を思い出した。立ち上がった私はサルに向かって胸を張り、堂々とした態度で、飛び上がるポーズで数歩攻め寄った。するとサルは後づずさりしてもう寄ってこなくなった。直前のインド人のアドバイスがなかったならば、私たちはサルにマジでやられていたかもしれない。しかしみんなは、私の威嚇のポーズに大ウケして、しばらく笑いのネタになっていた。

サルを威嚇する著者（インド）

また歩き出し、館に着き瞑想をした。甘い香りはこなかったが別にいい。それから戻りのルートでなく、街中に出るルートで下山した。すぐにあの甘い香りと同じ香りを発した、ワイルドワンの花があった場所に着いた。しかし前回と一ヵ月しか違わないのに、花は咲いていなかった。

「この木に白い花が咲いていてね、瞑想の館で降ってきた香りと同じ香りがしたんですよ。今は終わったみたいで咲いてないけど」

と話し終わった直後だった。

「あっ！」

あの花の香りがフ～ッと降りてきたのだ！　みんなその香りが分かり騒然となった。姫様はやってくれる。何百回（数千回？）も体験しているとは言えど、やはり感動もんだ。見ていてくださっているのだ。もう一心同体なので当たり前なのだが……。

感動を引きずり山道を下りていった。二年前と同じところで、家を持つ乞食のおばあちゃん？奥さん？（多分私より年下）が、手を出しお金をめぐんでくれと乞食の仕草をする。そしてなんと、その後、歴史に残ることをその女性はやった。

私たちが、無視をした瞬間、まだ通り過ぎていないのに、彼女は私たちの目の前でスマホを取り出したのだ！　全員それを見た。即座に私は「スマホ乞食」と命名し大ウケ。インドはこの二年だけでも変わってきている。目に見えるところでも少し裕福になってきているようだ。

街に下り、ビッグテンプルに入った。懐かしい。マハリシが十六歳の時にこの寺院にやってきて生き仏になったところでもある。その地下に二年ぶりだが下りて行くと、前は誰もいなかったのだが、僧侶がいて、千五百ルピーで半年間お祈りをしますとやっていた。私はある人のためにお願いした。多くの場合はインチキと分かっているのだが、私がお金を払い頼んだという行為が、何かを変えると思ったのでそうしたのだ。

寺院巡り（インド）

ビッグテンプルからマハリシのアシュラムまでは、四十ルピーを払いリクシャーで戻った。そのリクシャー運転手に依頼して、アルナーチャラの周りの重要な寺院巡りをした。初めての人（原野さん&デコポンさん&Mさん）がいるので、これも必ずやっておかねば。聖地インドでの祈りの風習を大切にしないとね。これも日本に仏教と混じり伝わってきているのだから。

アシュラムのカレー中心の食事は美味しかった。バナナの葉の上に置かれる料理。五回目にして慣れたのか？　前よりも美味しく感

早朝のアシュラム前（インド）

じた。初めての三人も美味しいと感動している。

私はサイババのアシュラムを体験しているのもあって、このマハリシのアシュラムの真の平安（シャンティー）がとても心地いい。決してサイババを否定するものではない。が、サイババのアシュラムしか体験のない方にも、お薦めの場である。

翌朝からまたアシュラムに足を、魂を運ぶ。地元のインド人に話しかけられたりし、当たり前だが、日本にいては体験できないここでの日常を生きる。波動の中に滞在する。考えてみれば五回のインドといえども、合計二カ月もいない。その中で出会うインド人とも、偶然ではなく濃い縁で結ばれているだろう。一期一会を大切にせねば。

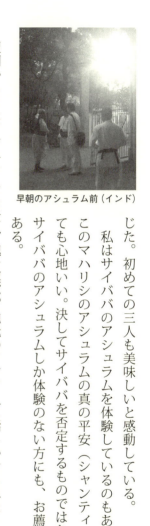

明日からまた飛行機に乗りコルカタへ向かう。ここにもとても興味のある聖者がいた。

翌朝、バスがホテルに朝の七時半に迎えにくる予定だった。夕方十六時台のフライトまで寄るところがあった。『意識』に写真も載せたが、ダイタラボッチが大岩を握ってゴチャッと積み上げたとしか考えられない、シンジーフォルトという女神の山とその向いにある対の男山に登る予定を組んでいたのだ。前回は女神の山だけだったが、そこでも甘い香りとユリの香りが降ってきた。それで、今回はニギハヤヒの山、男神山から上ることにしていた。

しかし、バスが来ない。運転手の携帯番号を聞いていなかったために連絡も取れない。八時になった時、私は「あと十二分で来るな」と言葉を発した。八時十二分にバスが来た。(おお……)運転手は、一応、道が混んでいてと言い訳をしながら遅れてすみませんと言った。

出発し、男神山に着いた。みんなで上がった。下から見ても女神山より男性っぽい(私は女神山の方が美しくて好きだが)。今日はピンクのサリーを纏ったインドの女学生らも遠足なのか来ている(口絵6左上)。上部の大きな岩の塊の麓までということにしたが、その道中、何度も甘い香りが降ってきて原野さんもまた感動している。原野さんは私の本を何度も読んでいて、甘い香りの奇跡ももちろん知ってはいたのだが、実際にこのインドで初体験をされたのだ。後に言っておられたが、やはり実体験をする前とした後ではまるっきり違うと(後に原野さんとは、雑誌『スターピープル Vol・56』で対談した)。


で、ここからがまた違う意味でも実体験をしてもらう時がきた。男神山を感動して下り、バスは次の目的地の女神山へと向かった。そんなに時間はかからないはず。ところが、想像より長い間乗っている、だんだん女神山から遠のいている感じだ……。別の入口があるのかな？　と思っていると、街中に入ってきた。これはおかしいと思った、私は、運転手に言った。

「シンジーフォルトはまだですか？」

「時間がないから行きませんよ。チェンナイ空港に向かっています」

これだ。昨日打ち合せしていた予定を、自分が遅れてきて何の説明もせずに、約束を守らずに平然と仕事を少なくする。朝四十二分遅れてきたのも、それをするためにわざと遅れてきたのだろう。この運転手、見かけはこれまでのインド人の中ではいい方だが、やることはやはりインド人。しかし、これがインドではノーマル。この辺も原野さんを含め三人は初体験。私は、（またか……。まあ、インド人だわ……）で、英語で文句を言わず、Ｉさんと、またやられたと苦笑しながら日本語で話した。


さて、南インドから北インドへ移動する。そうそう、例のブルーブラザースのスーパーは最後までシャッターが閉まったままだった。因果応報か？　インチキを繰り返すとこうなるんだぞ。坊主ども！（笑）

ヴィヴェーカーナンダとマザーテレサ

北インドの東に位置するコルカタ空港（西ベンガル州）には、日本顔にも近いようなガイ

ガイドと著者（インド）

ヴィヴェーカーナンダ（インド）

ドが迎えに来ていた。関西の漫才師か？　ウッタンさん。おらウータン？

デリーとムンバイに次ぐ大都市。なるほど、そんな感じだ。主要な建物、道路の整備といい、これまで見てきたインドの中でも一味違う。

インド博物館もよかったが、コルカタでの目玉はやはりヴィヴェーカーナンダとラーマクリシュナだ。ヴィヴェーカーナンダは、アメリカ大陸に渡り、普遍宗教の理想を語った。そのヴィヴェーカーナンダの寺院があるという。私もIさんも喜んだ。

寺院は思ったよりも広くきれいで、整備された公園の隣にあった。雄大なガンジスもすぐ横に流れている。ヴィヴェーカーナンダの住んでいた家も敷地内にありベッドも見えた。

私はトーク&ライブで、よくインドの話をしている。私には瀬織津姫様の祝福でいろんな香りが与えられているが、ヨガナンダの書いた『あるヨギの自叙伝』（森北出版）の中でさえ、そのようなことは一ヵ所しか出てこない。それは、彼がインド中の聖者を訪ねて修行している時に、ある香りを出すと言う聖者の、アシュラムに訪ねていったことが記されていた。そこでヨガナンダは、噂通りにアシュラム内で甘いお花のような香りがきて、ものすごく驚き感動したとあった。ある時、私はそれを思い出した。あのヨガナンダでさえ、一度の体験で（あの書では）、驚嘆していることを、今、私は日本で毎日のように体験させていただいている。とんでもないことなのだ。「本当に有り難すぎる瀬織津姫大神の恩恵に、感謝してもしきれないんです。それほどの大神様なんですよ」と、みなさんに話している。

カーリー寺院（インド）

それからウータンは言った。

「カーリー寺院へ行きましょう」

カーリーとは、シバ神の后パールワティーの別名。すなわち瀬織津姫と同神と言える女神。

「このガンジスを船に乗って行けますから」

船の移動は快適だった。水はキレイではないが対岸の沐浴する男女を、日常のインドの生活を垣間見られた。

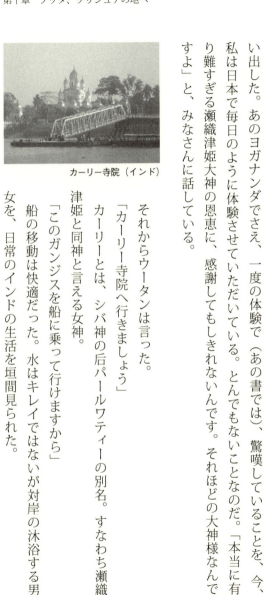

カーリーは強烈。この女神はめずらしい。シバ神を倒し、足で踏みつけ、真っ赤な舌を出し手には包丁を持っているのだ！　マジかよ～。群馬県か？　いや、カカー天下以上のものがあるな。こんな女神はなかなか見たことがない。よっぽど権力を持った女王がいた時代に、男尊女卑の鬱憤を晴らすために創作した神か?!（笑）　しかし、こう言う私もなんだか爽快だった。

ラーマクリシュナは、このカーリー寺院で瞑想と祈りを捧げていた。この寺院でも、川に下りる階段で甘い香りが降り注がれた。

マザーハウスのシスター（インド）

もう一つのここでの思い出は、やはりマザーハウスへ行けたこと。マザーテレサが実際に活動していたところへ行けるとは感動だった。街中の通りからスッと入ったところにあった。中はサイレントそのもの……。インド特有の派手さもなく質素。それでいい。白い大理石でできたテレサの墓に、バラの花でハートと『ジーザス ラブズ ユー』が描かれていた。そうだな～、ハートが似合う方だな～と、しみじみ思い手を合わせた（口絵6右下）。
施設の建物の中に、マザー?!と錯覚してしまうような、年老いたシスターが何人もただ何をするでもなく、イスに座っていた。何をしていたのだろうか？　瞑想か？　何か意味のあることをしておられたのだろう。

ブッタガヤへ

さて、今回インドの旅で初めて列車に乗ることになった。列車に乗り、ビハール州・ブッタガヤへと向かうのだ。仏教発祥のインドには仏教の聖地がいくつもある。四大聖地と言われるブッタガヤ、クシナガヤ、サルナート、ルンビニなどが有名だ。その中でも特に重要なのがこれから向かうブッタガヤ。ここは二千五百年前に、シャキャ族の王子だったゴータマ・シッダールタが世の有り方に疑問を持ち、厳しい修行を経て悟りを開いたところと言われている。

Oさんは今回もマハリシの南インドでお別れとなり、五人になった。この列車の旅は、不安もあったが新鮮で良かった。しかし、乗客も乗務員もすべてインド人。日本では考えられない常識の中での時間を過ごした。少し書いてみよう。

夕方の十六時五十分出発。それから六時間の旅だ。列車はいわゆる、日本で言うところのブルートレイン。狭い二段ベッドが向かい合っているところまでは日本と同じだが、インドは通路を挟んだ向かい側にも縦にさらにベッドが二段ある。日本よりレールの幅が広いのかもしれない。

一区画六人なので、我々全員同じだったら良かったが、少しづれて私が隣の区画の二階のベッドとなった。しかし、みんなと目も合い会話もできた。それで、私の区画は全員インド人。見るからにインドの中ではハイソサエティーの人たちだった。しかしやることがインド人。ここから日本では考えられないことを当たり前にしてくる。二段ベッドの上の部分の窓側、つまり私のベッドの窓側にコンセントがあった。私が足を伸ばし、毛布をかければそれは塞がってなくなってしまう位置である。

私の区画の私以外のインド人は全員友人同士。私の対面のコンセントは一人のインド人がスマホの充電に使っている。私は自分のスマホの充電をしていた。ところが、しばらくすると足元がなんだかモゾモゾした。見ると、対面の下の青年が、私のコンセントを勝手に抜いて、自分のコンセントと入れ替えたのだ。私はそれを見た。私の顔を見た青年は、私を見つめたまま何も言わない。説明もしない。平然としている。アイムソーリーもプリーズもない。

さて、お次は列車乗務員のインド人青年たち。飛行機と同じでこの六時間の間に三回ほど食事を持ってくる。ところが、日本人の私たちだけいつも後回しにする。私たちにイジワルするようにワザと飛ばしてインド人に先に渡す。順番に置いていけばいいものを……。ところが、最後のデザートの時だった。変なことが起きた。気が変わったのか、私たち優先に配るのだ。なんだか急に優しくされたようでくすぐったい感じだった。私たちに配ってからインド人に配った。みんなで不思議だねって話した。ところがそれには落ちがあった。

もう数十分で最終駅のブッタガヤに到着するという時に、乗務員が私たちのところへ来て、チップを要求してきたのだ。必ずもらうことになっていると言う。そんな話は聞いていなかったし、だいたいが、私たち以外のインド人らに一切チップを求めていない。

「何？　どうしてチップを払わなくてはならないのかい？　キミ、この人らに請求していないじゃないか」

するとインド乗務員は、大声で言う。

「ノー、この人らにも請求している。だから払わないといけない。はい、払ってくれ。○ルピーを！」

一回も目の前にいるインド人に請求していないのに、この人にも請求していると、幼稚園児でも分かるウソをつく。

「ノー、キミ、ナニイッテルンダ」

するとと、目の前のインド人の大人が、その乗務員に怒るようにインド語で話した。すると乗務員は、渋い顔をし諦めて行ってしまった。大人のインド人は、ウインクするように「どうしようもないやつらだよ。あいつら」というようなジェスチャーをした。私は「ありがとう。でも君も同類だ」と言ってやった。心の中で。原野さんらはだんだんこの国の感覚が、どのようなものか肌で感じてきていたことであろう。

しかし、世界の中でみると、この国の感覚がスタンダードと言ってもいいかもしれないのだ。つまり、日本人の普通の感覚、当たり前の親切心&道徳心は、世界では稀に見るハイステージなのだ。もっと書いてみよう。この地球の水準では、日本人はもうみな悟ってしまっていると言っても過言ではないということ。何を言っているのか?! と思う人もいるであろう。しかし、その通りという人も多いのだ。世界を旅している人の多くはうなずく。また、世界の旅行者が世界で一番清潔、きれいだと思う都市のNo. 1が東京。パリは24位。ゴミが多くて問題になっている。ではインドは？ 分からない。が、インドほどゴミを気楽に捨てる国は今のところ見たことがない。

もう少し続ける。インドは聖者の国という認識をする人も多くいる。実際に聖者を多く輩出している国だ。素晴らしい国だ。しかし、実際のほとんどの民の水準は日本から比べると目も当てられない。インドを旅したことのある人たちの多くが疑問を持つ。このギャップはなんなのだろうかと……。私も感じていた。しかし、今回の旅である程度分かったような気がする。インドは底上げをするために聖者が必要なのだ。日本は次元が違うので、聖者が現れる必要があまりないということかもしれない。

何をふざけたことをと言う人もいよう。この日本の政治家の体たらくは、原発はなんだ、食品添加物の多さは、農薬は……と上げればきりがないことも分かる。しかしそれでも、そんな日本でも、この地球の中では際立っているのだ。決して選民意識などで書いているわけではない。どこの国でも、政治家という仕事や大金の動く中で仕事をしている人種は、大して変わらないということで説明がつくと思う。

と、夢を見ていたらブッタガヤの駅、終点に着いた。

もう真っ暗。濃霧に包まれている。ニコニコ顔のインド人が日本語で話しかけてきた。これからお世話になるガイドだ。かなり日本語もうまい。なんと日本語でアメブロ（アメーバブログ）もやっているという。笑顔で好青年に見えるが、もう私は分かっている。彼は日本人ではない。

ガイドに連れられて改札口に向かうが、ホームにも人が溢れているというか、毛布などにくるまって横になっている人でいっぱい。前の列車が十時間も遅れているという。この辺ではよくあるらしい。

マイクロバスに乗り、霧の中ホテルへと向かった。この辺で最高級のホテルだという。確かにいいホテルだった。ＷｉＦｉがロビー近くでないと繋がらなかったが、これは全世界どこへ行っても当たり前にあることだから問題ない。

菩提樹の葉

翌朝、ついにブッタの悟った場所、マハーボーディー寺院に着いた。ブッタは菩提樹の木の下で悟ったという伝説があるが、その時の菩提樹を挿し木で繋いだ四代目のものがあるという。

駐車場から歩くとすぐに見えた。（おお、塔が見える……）仏教の聖地中の聖地。入口まで歩く間に物売りがたくさん寄ってくる。そのほとんどが、菩提樹の葉を持っている。後で実際に自分で拾って分かったが、それらはすべて偽物だ。いや、菩提樹の葉は葉でも、どこか違う場所の菩提樹の葉を取り、キレイに乾燥させたものなのだ。本物の菩提樹は落葉以外は取ってはならない。その落葉は自然の落葉でそんなにきれいではないのだ。

中に入ると、人だらけだが、面白いことに気がついた。インド人があまりいない。チベット、タイ、韓国、日本、中国……。そういえばそうだ。八割がヒンズー教のこの国で現在仏教徒は１％と言われている。完全に海外からの人間で埋め尽くされている空間だ。

五体投地の女性が何人も塔の周りを、立ってはベター、立ってはベターを繰り返し前進していた。テレビでたまに見たことを実際に目の前でやっている。それも人でごったがえしている場所で。最初は感動して見ていた。しかし、見てはならないものを見てしまった。その五体投地をしている女性たち、ちょっとおかしい。いや、それで普通なのかもしれない。しかし、日本人の感覚とは違う。大勢の人が普通に歩いている中、五体投地をすると自分以外の人にあきらかに迷惑をかける。こちらは踏まないように気を使ったりもする。しかし、彼女らは真逆だった。「コラ！何している！　邪魔だ！　なぜそこにすっ立ってるんだ。よけろ！」の抗議の顔をして睨み

マハーボーディー寺院
（インド）

つけるのだ。ショック！　夢を壊された（笑）。こんなこと実際に体験しないと分らない。

また、英語で「ドント〜〜」と何か書いてある。意味が分かった。いたるところに金箔が貼りつけてあるのだが、これはタイの仏教徒がやっているのだ。ご利益があると言われているのだろう。それに対して禁止しているという訳。しかし金箔だらけ。もちろん日本人も100％ではないが。日本人は異国の聖地にきて、やめてくださいと書いてあれば通常しない。

菩提樹を見上げていたら（口絵6左下）、赤い布を纏った少年が近寄ってきて、何か差し出した。それは菩提樹の葉だった（口絵6中右）。

「えっ？　くれるのかい？」

菩提樹の葉をくれた子と著者（インド）

って、ジェスチャーするとうなずいた。手を合わせていただいた。しかし、これが後でいろいろ面白いことになる。他の日本人に見えるような人に、同様に葉を渡している少年らがいるのだが、渡した瞬間に手を差し出し、お金を要求しているのだ。では先ほどの少年は？と探すと、近くにいて目が合った。すると来るではないか。手を出して。私は、多少厳しい目をして心の中で話した。（こんなことはやめなさい）すると彼はもう近づかなかった。彼の目は純粋だった。足を洗ってほしい。ちゃんと仕事をしてほしい。

その後、ガイドに各国の仏教寺院のある場所へと連れられた。日本のところに行くと、驚いた。二十五メートルもある大仏があったのだ。それも石。大きい……。インド人をほめたくなった（笑）。そして土産物屋に入った。カーリーの青銅器があった。やはり舌を出してシバを踏みつけている。一瞬買おうかと思ったが、踏みとどまった♪

それからスジャータ村へ行った。ブッタが苦行で悟ることができず、餓死寸前までいった時に、村長の娘のスジャータが、ブッタにミルク粥を差し出したという伝説の村。意外と知らない人がいるので驚いたが、珈琲ミルクのスジャータはこれから取ったのだ（口絵6中左）。

カーリー女神の青銅器（インド）

午後からマイクロバスで五時間かけてベナレスへと向かった。ガイドにビールを買うところに寄ってもらうように頼んだ。基本的にお酒を飲まない国なので、売っているところも少ない。田舎へ行けばなおさらだ。前回の旅で心得ていたので、早目に伝えておく必要がある。そしてガイドに買わせるのではなく、必ず自分で買うこと。倍近くのお金を払うことになるから。もちろん今回も買ってきてあげると言ってきたが、断った。するとお店に寄らなくするのもインド人。儲けのないことは、忘れたふりをして飛ばすのだ。それも熟知しているので、何度もバスの中で言う。「分かってますよ！」と怒らせるくらいで、やっと買えるのがインド。もちろん言わせた。

で、やっと売っている場所に連れていってくれた。そこは路地から少し入ったところにあった。前もそうだったが、鉄格子の向うで売っているのだ。鉄格子の隙間からお金を確実にもらってから、ビールを渡すシステムだ。今回は、店の前でインド人二人が隠れるように、あたかも何か悪いことをしているかのようにビールを飲んでいた。可哀想だな〜……。どうせ飲むなら楽しく陽気に飲まなきゃ！

それから明日の打合せ。明日は早朝からガンジスで、沐浴することになっているのだ。私とIさんは『意識』に載せているが、オレンジの巻くものを持って来ていた。原野さんも店に入りそれを買った。

「明日は私が、沐浴のお手本を見せますからね！　アメブロでもいっしょに沐浴した日本人との写真をアップしてますから。明日もアップよろしいですか?!」

と、ガイドが得意げに話した。

ガンジス沐浴

翌朝、早い。五時にロビーで待ち合わせ。夜明けに沐浴するからだ。ところが、違うホテルに泊まっているガイドが来ない。三十分遅れてきた。この三十分遅れてくるのは、インド人ガイドの最近の手抜き手口の一つかもしれないな。

「おはようございます。今日は寒いですよ〜。あれ、みなさん本当に入るのですか〜」

これが冗談ではなかったのだった。彼が手ぶらだったので訊くと、

「こんな寒いのに私、入りませんよ。みなさんホントに入るのですか?!」

と笑っている。

手漕ぎボートに乗る。ほとんどの観光客は、夜明けのガンジスから昇る朝日を拝むために、ボートに乗っている。私たちは、沐浴する場所を探すために乗っている。あまり人のいないところを探す。着替えもしないとならないからだ。ちょうどいい場所があった。ここなら誰も来ない。そこでバスタオルを使い着替えた。さあ、勇気を持ってガンジスへ……。まずはIさんからやった。下が苔で異常に滑るらしい。ヌメッているようだ。Iさんが転びそうになった。Iさんは「えい！」の掛け声とともにチャポンした。みんなで拍手！

次は私の番。私の掛け声は、大声で「ハレラマ〜！　姫〜！　セオリツ姫〜！」だった。

マジでそれぐらい気合いを入れないと寒く、冷たく、汚いガンジスには入れなかった。その後、原野さんもがんばった。というわけで、口だけガイドは見ているだけで、私たち三人で冷たく汚いガンジス川に、掛け声とともに頭まで入ったのだった（口絵7上右・中）。ちょうど日の出も見られた。入ってよかった。不思議なガンジス。不思議なインド。

ババジ、サルナートの甘い香り

身体を拭き着替えてから、朝食を取り、今度はババジ関連のところへ行った。インドでも名高いババジ。その伝説は本当か？　と思ってしまうほどのものがあるが、先の『あるヨギの自叙伝』にも当然登場する。というか、ババジはこの書によって知られることになったのだ。これからその弟子だったラヒリ・マハサヤ（ヨガナンダのグルのグル）という私の好きな聖者の生家に行くのだ。このお二人はテレポーテーションをしてしまう。霞のように現れて霞のように消えていく。私はマハサヤのこの笑顔が好きだ。

車で行けるところまで行き、それからは人力車と自転車をミックスした乗り物で向かった。生家は一般の迷路のような路地を入り、おもいっきり一般なところにあった。その小さ

ババジとマハサヤ（インド）

ババジ（インド）

なアシュラムには一人だけ弟子がいて瞑想していた、その弟子がこの主（マハサヤの孫）を呼んできてくれた。おとなしく謙虚な男性だった。

原野さんとデコポン高田さんは、ババジの像の前ですごいエネルギーがビリビリきたという。私？　何にも感じなかった。しかし、これでいいんだよ♪

それから待望のサルナートへと向かった。悟りを開いたブッタが最初に説法したことで有名な地。駐車場に近づくにつれて、そこが一大観光地となっていることが分かった。物売りがまた蠅のように寄ってくる。それをかき分け、入口へ着いた。そこからは専門の案内員と変わって説明を受けた。中に入ると広い……。説法をした後、この地は帰依者たちの修行場&住居となったようだ。最初のまっすぐな道を歩いている時に来た。

「甘い……」

「本当ですね～！」

サルナートで瞑想（インド）

とデコポン高田さんが続く。花はない。ここでも祝福してくださるのか……。ありがたかった。

「あそこが、瞑想をしていたところです」

とガイドが言ったところで、全員でやってみた♪　ここに座って一日中瞑想をしていたのか分からないが、ブッタと言う稀に見る大聖者とともに時を過ごせた人たちに、羨望の気持ちもあるし、その地でこうして真似事であろうが、している自分が幸せ者だと思った。

ラーダ・クリシュナの祝福

今回のインドでの目的はこれでだいたい終わったといっても過言でなかった。後のスケジュールは買い物になっていた。ところが、ここから急展開が。

Iさんが、いきなり言った。

「山水さん。明日ですが、観光と買い物だけのスケジュールになっていますけど、もしよろしかったら、クリシュナの聖地に行ってみませんか?!」

「えっ?!」

私がノーと言う訳がなかった。ただただ驚きと歓喜のみ。私のサードアルバム『三次元のロマン』に『クリシュナと僕と婆』という歌がある。これは、私がインドもクリシュナも、まったく興味もなく知らなかった時に下りてきた歌なのだ。クリシュナという名前の歌詞が降りてきた時は、女性の名前だと思い作詞をしていたくらいだった。細かくはいつか書として残すかもしれないが、「ハレー」というインドでも日本（晴れ）でも神聖な言葉も、その少し前に降りてきていたという経緯がある（ちなみに、婆とはサイババのこと）。

結果、予定を変更し、インド七大聖地のひとつ、クリシュナの聖地へ行くことになった。クリシュナの生まれた村・マトゥラーと、育った村・ブリンダヴァンへ舵を取ったのだった。Iさんに感謝。

翌朝、早朝にホテルをチェックアウトして高速で向かった。これまではガンジス川近辺にいたが、これからウッタラーカンド州のヤムナー川地域へ行く。これほど、インドにワクワクすることは無かった（笑）。インド大好きヤンズに変身！

数時間かかったが、高速のインターを出た。するとすぐにクリシュナの看板が……（口絵7中右）。おお……、どこまで感動させてくれるのだ……。いいじゃないかこの看板。センスあるじゃないかインド！（笑）ハレークリシュナ！　ハレーラーマ！

それからだった。

（やっべ～……）

別に悪いことが起こった訳ではない。聖地に向かって、ただただ草原を走っている時に、デジャブ感覚になったのだ。

（ここ知ってる……）

デジャブの草原（インド）

まずはブリンダヴァンに着いた。村の道端のごみ置き場に豚？　猪？　がたむろしている。これまでの、牛だらけのインドの地とは少し環境が違うようだ。そして土産売り場にはクリシュナ一色！　これほど店の前を通るのがうれしくなったことはない。ベビークリシュナと言って、クリシュナの赤ちゃんの頃のペンダントもある。買った(笑)。なかなかいいじゃないインド♪　急に変わったって？　まあ、それは多分、好きな女の子にはイジワルしてしまう感覚だったということで、進んでいこう。

その前に、『命・シ♭』の〝ファ＃〟にも登場するクリシュナの解説を。

インドでもヴァガヴァット・ギーター、バーガヴァタ・プラーナ、ラーマーヤナ、リグ・

ヴェーダ、マーハールータラと、たくさん聖典があるが（日本以上に殺しが多く出てくる。これには抵抗がある）、日本の竹内文書、ホツマツタヱ、先代旧事本紀、宮下文書、九鬼文書、出雲風土記、古事記、日本書紀などと同様に、少し違ったり、かなり違ったりしている（『インド神話マハーバーラタの神々』上村勝彦著（ちくま学芸文庫）参照）。

とどのつまり、これはどういったことかというと、〝やはり昔のことは分からない〟ということ。しかるに、このクリシュナのことも、どこまでが真実か分からない。神武天皇や聖徳太子同様に実在していなかったのでないかと言う人さえいる。しかし、私の体験を元にすれば明らかに存在していた。年代に関しても日本の神様同様に、かなりの説、幅があり、曖昧であるということを前提に進めていく。とにかく、インドの聖典の中で、このクリシュナを扱う文量が、他の神に比べて圧倒的に多いのだ。

年代だが、私が以前読んだサイババ関連の書では、六千年～以前にいた神となっていたと思う。クリシュナは奇異な生い立ちを持つ。バーガヴァタ・プラーナによると、マトゥラーの王家に王の子供の兄と妹がいた。妹の将来生まれる男の子が、いずれ自分を殺すと占い師に言われた兄は、嫁いだ妹を夫婦共々、城の牢屋に閉じ込めた。その牢屋の中で、妹は次々と男の子を生んだ。六人目まで生まれた子供はすぐに取り上げられ、石に打ちつけられ殺された。

七人目はなんとか外で生き延びた。
で、また八人目の男の子が生まれた。それがクリシュナである。夫婦はその子を知人に力を借り脱出させた。隣村のブリンダヴァンで育てられた。とまあ、簡単に書くとこうである。

クリシュナはインドでも三番目？に人気となる神に成長したわけだ。私の印象だが、一番がシバで、二番がガネーシャであろう。クリシュナは横笛を吹いているのがトレードマークで、弓の名手でもある。

インドの基本神、ブラフマー※（創造神）、ヴィシュヌ（維持神）、シバ（破壊神）の内、ヴィシュヌの八番目の化身と言われる。九番目がブッタ。ちなみに、六番目の化身がラーマ。私の2000年のデビュー曲の『ハレラマ』は、ハレーラーマのことなので、不思議とヴィシュヌに縁があるように感じる。

ここで寺院に参拝しようとしたが、カメラ、携帯は持ち込み禁止だった。それはそれまでの寺院でもよくあった。イスラム寺院とヒンズー寺院との争いが原因だそうだ。爆発物などに気を付けているとのこと。入口にライフルを持った警備員がいる。実際に隣にモスクが建っていた。

次はバースプレイス。つまり生まれた村、マトゥラーへ行った。クリシュナ・ジャナムブーミ寺院（バースプレイス寺院）に入る前に、またすべての物、財布、携帯などは持ち入れないので、先に入る組と荷物持つ組とに分かれた。最初にIさん、私、デコポン高田さんの三人とガイドで入った。もちろん靴も脱いで。

ガイドが、「ここに牢屋がありました。この石の上で赤ちゃんが殺されました」と、生々しいことを日本語で解説する。

その寺院の裏に、もうひとつ、神社で言えば本殿のような、ヴァガヴァッド寺院がありそこへ入った。正面に、ラーダ（クリシュナの愛人）とクリシュナの白く大きな像があった。インドでは女性の名を最初に呼ぶそうだ。そう、クリシュナ・ラーダではなくラーダ・クリシュナと。

（ウワ〜……）と感動して見とれた。素晴らしい像だった。

インド人らはその像の周りを回っている。インドではこのようになんでも回って崇める、祈る。まあこれは日本にも伝わっている習慣だ。

正面まで歩み寄り一礼してから回ろうと、正面に着いた瞬間だった。上から濃厚な香水の香りが降り注がれたのだ！　もう三人で目を見合わせて歓喜の面、面、面。本当に有り難い祝福。それから左から右回りで回った。正面に近づいてきた右角あたりでまた濃厚香水……。三人でまた歓喜。

また、ある寺院に近づくと周りの様子がカラフルになってきた。歩く人たちの髪、顔、服に色とりどりの塗料？　粉？　が付いているのだ。顔中真っ赤、真っ黄色の人もいる。なんだこれは？　と思っていたらガイドが説明した。この村の寺院は年柄年中祭りのごとく、寺院内で色とりどりの粉を振りまく風習があるそうで、特に一年に一度三月にあるホーリー祭には、ものすごいことになるそうだ。三月でなくとも毎日のようにしているんだとか。その寺院に入った。すごいお祭り騒ぎだった。本当に派手な色の粉を撒いている！　私たちも少しつけられたが、すごい人たちと記念写真も撮った（口絵7右下）。

クリシュナ神は、楽しいことが好きだということの象徴でもあるな。私もそうでありたい。生まれてきて悲しいより楽しい方がいい。

こうして、最後に思いもしなかったクリシュナの祝福を浴び、五度目のインドツアーが終わった。私はまだインドへ行くであろうか。もし行くとしたら、ラーマか。『ハレラマ』の……。

※ブラフマー
インドの数ある説の一つに、ブラフマーと仏教の守護神である帝釈天は同一とされている。

第十一章

新たに見つかる姫本名の社

ボクは松竹旅館のピアノ

インドから帰国し、いろんな県でトーク&ライブを主催していただいた。

まず一月三十一日に、伊予は愛媛松山市で一年ぶりに行われた（主催・宮谷さん）。午前中に宮谷さんの案内で、松山市内の伊豫豆比古命《いよずひこのみこと》神社（椿神社）の境外末社、水波能賣《ミズハノメ》大神社へ案内していただいた。瀬織津姫の別名ではNo.1に多いこの姫名だが、冠にミズハノメと付く神社は瀬織津姫同様、意外と少ない。パッと思い出すのは、実家の富山の南砺市平にある水波女廼神社と、石川県志賀町の岡象女社、埼玉県寄居町の宗像神社境内社岡象社くらいか……。貴重な社だった。そうそう、通常この姫は罔象女神と一番多く表記されるが、この岡象社のように、全国回ると、罔の字が岡になっているところがたまにある。高龗神の龗が靇になっているところがたまにあるように。罔を岡は間違ったと分かるが、龗を靇は、書くのが大変だから省略したのだろう。

午後から市内古川にある、〝ケーキとカフェのお店・ハタダ　はなみずき通古川店〟を貸し切りすることになっている。その準備中のこと。一番奥でグランドピアノを調律している時だった。私の頭上から、綿菓子の甘く濃い香りが何度も降り注がれたのだ。

「あっ！　綿菓子の香り！」

「はい！　こちらもなんです！」

入口で受付の準備をしている宮谷さん、梶谷さん、ミカリンさんも一斉に叫んだ。ケーキ屋さんだから可能性はあると思い、宮谷さんらが店の方や作っているところに顔をつっこんだが、まったく何の香りもしない……。スゴイ！　姫様！　その感動とともに開始した。香川、徳島からも参加があり、みなさんと懇親会の最後まで盛り上がった。感謝。

白石の鼻（愛媛県）

翌日、宮谷さんのご好意で飛行機出発までの間、県内神社回りをしてくださった。ホテルに迎えにきてくださった車の中には、梶谷さんと大久保さんも乗っている。詳しくは付録を参照していただくとし、松山市の海にある白石龍神社が印象に残った。海に見える奇石は、白石の鼻と呼ばれるそうだ。研究会もあるそうで、この石の隙間から春分、秋分、夏至、冬至の日に光が入ってくるとのこと。自然か人工物か、確かに不思議な海に浮かぶ磐座だ。
二月二〇日の私のバースデイには神戸でスピリチュアルカウンセ

雷如檀さんと著者（兵庫県）

ラーの雷如檀《らいるたん》※さんとの初コラボ（主催・デコポン高田さん）。いつもの龍郷で行われ、みなさんに祝っていただいた。本当に誕生祝い的なトーク&ライブとなった。ありがたい。

この日私は、自分で染めた赤いジャケットを着て登場した。文字通り真っ赤。お気に入りの白ジャケットの首の部分が汗で黄色くなってしまった。捨てるのはもったいないと思っていたら、閃いたのだ。ホームセンターで数百円の染める粉を買い、風呂場で説明書通りにやってみた。うまく染まった♪　もちろんみなさん驚きの表情。キレイに染まっていると褒めてくださった。恥ずかしいので写真は白黒で。まあ次は、かな～り後の還暦で着るかな（笑）。

そして第一章に出てくる、ヘミシンクのSさんからの姫の伝言。この日の十一日前にメールが来たのである。Sさんも参加していたので、姫からの伝言を読み上げさせていただいた。この日も多くの人、土地を繋げた。

またこの日の『クリスマスナイト』の演奏が、制作開始した幸村みよさん制作映画、〝夢見る望遠鏡〟のプロモーションビデオのワンシーンとして使われた。撮影の谷田さんが撮ってくださった。そのプロモでは赤※ジャケットが観られる。私は音楽担当。

三月一日には埼玉で、CD『やまみずはるお』ジャケットの書の生みの親でもある、いろは呼吸書法の講師、近藤かよ子さんとの初コラボ（主催・ミカさん）。埼玉県さいたま市、〝カフェギャラリーシャイン〟で行われたが、この日も北海道から～九州からと、全国からこの武蔵の国へ集まってくださった。「中学生以来！　楽しい！」の声の中、筆を運んだ。

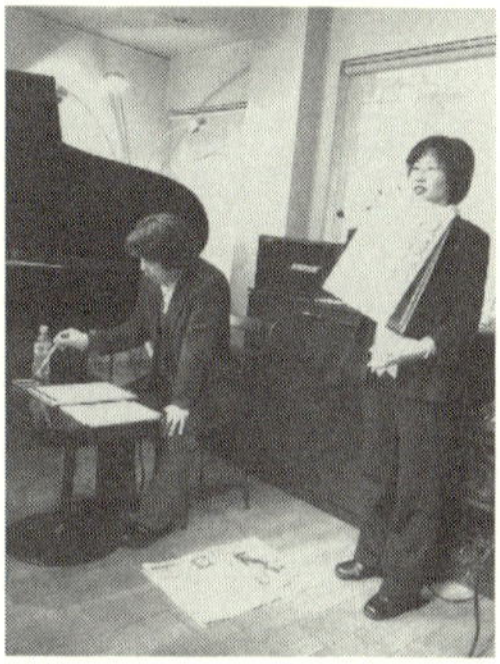
近藤かよ子さんと著者（埼玉県）

私の書いた「せおりつひめ」の文字の色紙を抽選会で当たった方、大切にしてくださっているかな？　全国でやりたい会だ。

同十四日には、名古屋で開催された。会場は中区大須にある松竹旅館。ここのピアノだが、奥さんの嫁入り道具だったらしく長年手入れしてなくて、すぐには演奏できない状態だった。が、そこは私の腕の見せ所。早めに会場入りし、数度の調律と修理をして、トーク＆ライブを成り立つようにした。どんなピアノでも愛を持って直させていただく。

旅館のオーナーは、主催のミカリンさん＆ご主人のハートバードさんのミクシー友人だったのだ。昨今ならではの繋がりでの開催。オーナー夫妻もピアノが蘇り、おばあちゃんの喜ぶ顔が観えたように思うと言ってくださった。調律師冥利に尽きる日でもあった。

また、神奈川から参加くださった村越※さんに、物販のお手伝いをしていただいたのだが、光のイルミネーションや天使やウサギの置物、羽根などのデコレーションで、とても素敵な空間を作ってくださったのだ。感動&感謝☆

その後、ハートバードさん原作で、オーナーがミクシーで、温かい文を載せてくださった。

「おばあちゃんのピアノ」


わたしの名は長壁さい。

今は松竹旅館の女将となった孫娘のおばあちゃんです。

もっともわたしはかれこれ二十五年前に他界し、現世にはもう肉体をとどめてはいませんが、私の魂はいつも孫娘と共にあります。

孫娘とは彼女が大学を卒業してから嫁ぐまでの約五年間、群馬県の粕川村という片田舎でいっしょに過ごしました。

当時中学校の教員をしていた孫娘のお弁当を作って持たせるのが、わたしの日課であり楽しみでした。

ところがある日突然、孫娘がどこの馬の骨ともわからぬ名古屋のちっぽけな旅館の惣領の甚六（支配人）に嫁ぐというではありませんか。

わたしはもう心配で心配で、いっそわたしもついて行こうかしらと思いましたが叶う筈もなく、一計を案じたわたしは、結婚のお祝いにピアノを買ってあげることにしました。

そしてこっそりと私の魂の一部をピアノに忍ばせて送り届けたのです。

嫁いでから暫くは、孫娘は折に触れピアノを弾いて私を喜ばせてくれました。

時々甚六（支配人）も「♪ネコ踏んじゃった」を弾きに来ましたので、ウザイ奴だなぁと思いながらもガマンして弾かせてあげました。

でも四人目のひ孫が生まれたころから、孫娘は仕事と子育ての多忙さゆえか、徐々にピアノを弾く余裕が無くなり、いつしかわたしは母屋の片隅に追いやられて忘れ去られてしまったのです。

それからどれくらいの月日が流れたことでしょう。

昨年の秋に突如母屋を解体することが決まり、いよいよ私の居場所がなくなった時、孫娘は「長いこと弾かなかったということは、たぶんこれからも弾くことはないだろうから処分しようか…」と言い出しました。

大好きだったお婆ちゃんの形見でも有る大切なピアノではある…。しかし、ピアノを置ける旅館のスペースは限られている。

目を潤ませながら、女将と孫娘と言う2つの立場で揺れ動く妻の苦渋の選択に、夫であり、支配人である甚六は、

「では弾いてあげられる環境を作れば、処分する理由は無くなるネ！」と言って、本館の食堂に移動することを提案してくれました。

（甚六もたまにはイイコトを言う。）

こうして、わたしの魂のピアノは再び陽の目を見ることとなりました。

そして素晴らしい出来事は、そんなことがあってから半年ほど過ぎた3月半ばの、雨上りの日におとずれたのです。

甚六（支配人）のお知り合いで、日出神社を参拝したいと言ってお泊りになったミカリンさんというお客様が、彼女の主催するセミナーでお婆ちゃんのピアノ弾いてくださる

というのです。

そのセミナーは、山水治夫（通称ヤンズさん）という方が、ピアノの弾き語りと、ある神話のお姫様について語るというもので、早々にピアノの調律師でもあるヤンズさんはセミナーの前に入念にわたしの体の具合を診察してくれて鍵盤の一音一音に至るまで丁寧に調整してくれました。

聞くところによると、ヤンズさんは幾多の高名なピアノを弾いておられる方で、わたしのようなお婆ちゃんでも本当に大丈夫かしらと、少し不安になりましたが、ここまで来たらもう後戻りはできません。わたしはヤンズさんにすべてを委ねようと覚悟を決めました。

ヤンズさんは沢山の楽曲を心ゆくまで奏でてくれました。わたしはもう嬉しくて嬉しくて、つい歳を忘れて声が枯れる程に大きな声で歌いました。

気が付けば同席された三十名程のお客様の中にはすすり泣く程の方もいらっしゃり、わたしもつられて、泣いてしまいました。

ヤンズさんも最後の曲「愛しくて切なくて」という曲では、独自のアレンジをふんだんに使って心を込めて演奏されて居ました。

その時わたしは彼の魂のテンションが高くなって居たのをはっきりと肌で感じて居ました。

こうしてわたしは、ヤンズさんの指の動きに合わせて、心行くまで曲を奏でることができました。


この日はわたしにとって最高の日でした。

ヤンズさんに調律してもらったわたしの音はいま絶好調です。

（二十代に若返った感じ♡）

これからはたまには支配人にもウザがらずに猫を踏ませてあげるからね。

その代り女将を末永く大切にするのですよ。

それからヤンズさん、ミカリンさん、私のピアノを聴いてくださった皆さん、
そして皆さんを松竹旅館へと導いてくれた日の出の氏神様と、

私を甘い香りで優しく包み込み蘇らせてくれた瀬織津姫様に心からありがとう。

―原作：ハートバードの日記「ボクは松竹旅館のピアノ」より―

いやはや、冒頭が……。こちらこそありがとうございました。そうそう、この日のトーク&ライブ中にも甘い香りが降ってきて、みんな驚き感動したのだ。ありがたかった。

同二十八日には都内で初の試み〝マニアック懇親会〟をした。通常話せない書けないことも暴露したし、特別に『奴奈川姫』の直筆の楽譜、インドブッタガヤで拾った菩提樹の葉など、プレゼントも用意した飲み会だった。もちろん会場は、銀河高原ビールの飲める、世界の山ちゃんで♪

※雷如檀さん
神戸のスピリチュアルカウンセラー。『スピリチュアル心理学』（ギャラクシーブックス）を出版。

※赤ジャケットが観られる。
ナチュラルスピリット社のホームページ内にある、動画サイト（YouTube）・ナチュスピchの、「新刊『ニギハヤヒ・シ♭』山水治夫さんより解説！」でも観られる。

※村越さん
村越さんは『命・シ♭』の、〝レ〟、日本武尊《ヤマトタケルノミコト》の章で、川崎と富津の尊の所縁の地に案内してくださった方の一人（もう一方の藤倉さんはその後、映画〝夢見る望遠鏡〟のプロデューサーとして活躍）。この弟橘姫《オトタチバナヒメ》の像にも感動した。彼女は、横須賀の走水神社で私とともに甘い香りを体験した翌日、娘さんと街中で甘い香りを同時体験している。姫スイッチが入ったとともに家族も体験した。その後、娘さんも私の会に参加されている。

弟橘姫の像の下で村越さんと著者
（千葉県）

指が……

四月十八日には、この書を出版してくださっているナチュラルスピリット社主催で、『山水治夫528Hz&瀬織津姫意識ワークショップ』と題し、528Hzと瀬織津姫意識とを融合させたワークショップを開催していただいた。この日も全国から集まってくださり、倍音のことなど、みなさんが知らないこと、目から鱗の真実を実技とともに話させていただいた。1Hzの違い、2Hzの違いも実際に意識して聴くことは無かったみなさん。大変喜んでくださった。

セオリツ姫・シ♭とニギハヤヒ・シ♭
（兵庫県）

また、この日に合わせて『命・シ♭』が出版され、会場にナチュラルスピリット社からたくさん用意されたが売り切れた。これで、目出度く姫と命の書が揃った。これは、サラちゃんによると、有史以来はじめてのことという。感動も一入《ひとしお》である。写真は姫と命を祀る兵庫県たつの市の井関三神社にて、ふーみんさんが撮ってくださったもの。ありがたい。まだの方がいらしたら、ぜひ揃えていただきたい。

懇親会も楽しく終わり、二次会を〝カラオケの鉄人〟で楽しんだ。そこでの出来事。デコポン高田さんがデジカメの写真を見せる。第八章の琵琶湖で、シースルー写真を撮った彼女。

「ほらヤンズさん、ヤンズさんの指が……、顔が…… 他の人は大丈夫なのに、ヤンズさんだけズレて透けたり二重になってしまう……」

口絵7左にその中から二枚載せた。実は最近特にこのようなことが多くなってきていている。ナチュラルスピリット社の『スターピープル』誌の私の対談企画で、いろんな方と対談の取材をしている時に、カメラマンの方が私を写そうとしても、なかなか焦点が合わず写せなかったり、時間がかかったりすると言われるのだ。

「それとこの、右側の指が赤いと思いませんか?」

「そうそう。これは……」

とサラちゃんが言う。

「えっ? 何?!」

「顔に髭もはえてる!」

ところが、

そして同四月の二十六日。一月に達成後初の瀬織津姫本名の新たな神社が新潟県村上市でNさんの努力の元、発見&参拝ができたわけだが、そのNさん主催で初の村上市でトーク&ライブが開催されることになった。Nさんのお母さん、妹さんもお手伝いしてくださり、本当に感謝だった。

そして、オマケがあった。それがすごかった。実はNさん、また発見しちゃったのだ。本名の社をまた村上市内で！　それで、それを含めての姫旅を翌日にすることにした。命と姫の社・石船神社を皮切りに、多伎神社、川内神社、大山祇神社と、広い村上市を回った。最後に新発見の同市内三宮にある川内神社を参拝し解散した。Nさんありがとうございました。

ところが、

ここで終わらなかった。新潟市から参加の夏目さんが、驚く発言をした。

「ヤンズさん、実は私、本名の姫のところ知ったんです。まだ行ってないんですが……」

「えっ？　どこに?!」

「新発田《しばた》市の山の上にあるそうなんです。二王子神社という神社の境内にあるようです。

住所も一応分かります。田貝２０１０番地です」

「新発田？　これから富山へ行くから、道中だよ。行くよ！　探すよ！　ＧＯ！」

となり、同じ方面の方たち五人でナビ頼りに向かったのだった。ナビは山の麓の道路から左に入っていけと指示した。しかし、私のこれまでの経験と勘で、ここからは違うと分かった。そこに、上から一台の車が来た。すぐに止め、訊いた。すると、真っ直ぐ上がり、二つ目の橋を渡って、かなり山の上まで行くとあると聞いたことがあると教えてくれた。第一ヒントだった。向かった。すぐにおじいさんが日向ぼっこをしていたので、また訊いた。そのおじいさんはしっかりと知っていて、先の女性と同じことを言った。確実な情報だった。私の目はランランとしていたであろう。二日間の疲れもどこかに吹っ飛んでいた。


山に入ってからがかなり長かった。想像ではすぐにあると思ったが、こんな上まで行くのか……。まだ上がるのか……と思ったら、二股に分かれる道に出た。

（うう〜ん……　右へＧＯ！）

先頭を走る私は迷わず右の道をグイグイと上がった。するとあった。看板が。二王子神社は左へと。桜の木が見えてきた。そして急に開けた。大きな神社だ。

「あっ！　あれだ！　滝もある！」

一目散に拝殿の左奥にある水の元へ駆け寄った。感動だ。石碑にしっかりと瀬織津姫神と刻んである（口絵7左下）。私は石碑を抱きしめた。

本名〝瀬織津姫〟として祀られるのは、これで達成ツアーから四社目となった。その内三社が越後は新潟県。凄いぞ新潟！　これからも、もっともっと見つかってほしい。

手速比咩＝奴奈川姫

二王子神社に感動し、富山の実家に着いた。翌朝、加賀は金沢へ向かう。金沢の隣の能美で石川県としては三年ぶりとなるトーク＆ライブがある。いや、ピアノも弾くとなると初である。昨年（平成二十六年）十一月の伸ちゃんとのコラボの翌日の御神行ツアーに参加された、金沢在住のヒーラー、松本さんが、その後『姫・シ♭』を読んでくださり、主催を名乗り出てくださったのだ。感謝。

能美の会場は洒落たお店だった。久々の石川県で初山水の方も多く、瀬織津姫大神の話を、ピアノを交えて思う存分話

紙芝居をする著者（石川県）

した。久しぶりの紙芝居もした（Ａ４サイズの写真を見せて話す）この会が北陸に火をつけたようで、その後福井、富山と新たな主催者さんが生まれたのだった。

翌日、松本さんの強い希望で姫旅をすることになった。通常姫旅は多くて車三台くらいまでで回るのが理想だが（信号につかまり待つことが増えるので）、希望者が多く七台となってしまった。

まずは、全国でもなかなかない姫様の御名を冠につけている社、瀬織津姫社からスタート。それから白山媛神社関連を回り、次に金沢の海に近い大野湊神社へ。その鳥居の前を歩くと淡いが甘い香りが降って来た。みんな分かり歓声が。鳥居をくぐり拝殿に向かうと右手にある社務所の前に女性が。宮司さんの奥さんだ！　すぐさま挨拶をした。すると私を覚えてくださっていてとてもうれしかった。そして、いただいた新しい由緒書きには、しっかりと瀬織津姫の名が明記してあるでないか！　感動！　というのは、最初に参拝しにきた七年前のその時には、由緒書きから消えていたのだ。これは『愛歌』を参照願う。こうしてまた姫の三次元での復活が一つ。

最後に能登地方へ向かい、懐かしのモーゼの墓と、知ってはいたがまだ行っていなかった手速比咩神社へ向かった。モーゼの墓については、『意識』で強烈なカサブランカの香りが降ってきたことを記した。今回その同じ場所で、薄かったがまた降ってきて、みなさんが分り感動していた。

そしてこの姫、手速比咩は、なんと奴奈川姫だという伝説があるのだ。これまでの書にも記してきたが、奴奈川姫の伝説もたくさんある。まず新潟県内でも、糸魚川と十日町の伝説が違う。ここ羽咋郡宝達志水町の手速比咩神社では、大国主命の求愛で出雲へ行った奴奈川姫が、出雲から越の国へ戻ってしまい、出雲から追手が来て殺されたことになっている説が多いが、実はこの輪島に逃れ、この地で手速比咩と呼ばれ生き延びていたという説があるのだ。下社と上社があるが、今回は時間がなくなり、下社だけの参拝となったが、とてもうれしかった。この社も希望しますと、最初に言ってくださった松本さんに感謝。

第十二章

シリウス　ブルー

イタリアへ

『意識』でイタリアへ行くはずだったのが、セドナになったということがあった。そのイタリアへ本当に行くことになった。

一月にインドへ行ったばかりで無理と思ったが、なぜか行けることになった。行けるんだったら行ったことに越したことはない。なかなか人生、そんなに海外へ行けないものだ。

参加者は六人。Iさんファミリーと、デコポン高田さん、そしてハワイにも行った宮谷さんと私。Iさんファミリーは、四年前に行った『山水 治夫と行くケルト聖地ツアー』にも同行され、久しぶりのご対面（『愛舞』参照）。スターチルドレンのデン君も、小学五年生と成長していた。そして今回、奥さんにも大変助けていただいた。

イタリアと聞けば、私の知識ではまずピアノを最初に作った国。それだけですごい。まだある。今ではガストでもスタバでもどこにでもある、それこそ一般家庭にでも普及しているコーヒーメーカーのマシーンは、イタリアが最初に発明したのだ。すごい！　もちろん、パスタ、ピザ……、ええっと……そうそう、コーヒーのエスプレッソもここが発祥。

文化科学芸術もすごい、ガリレオ・ガリレイ、ミケランジェロ……。また、バチカン市国も有名。マグダラのマリアも登場する『ダビンチ・コード』もここイタリアが舞台だった。

そのイタリアへ行く。おっと、昨今話題の『青の洞窟』も忘れてはならない。今回、ここへも行くことになっている。ああ、ピサの斜塔にも、ああ、聖フランチェスコのアッシジへも。こう見ると、イタリアってすごいな……。まだあった、大好きな作曲家、バロックの巨匠のひとり、ヴィヴァルディもイタリア人。

ただ、スリには気をつけろとガイドブックにくどいくらい書いてある。書いてあるように、腹巻財布、サングラスなど準備した。

ＧＷの五月二日。成田。あと一時間ほどで出発という時に、スマホに電話やメールがいくつも入った。岩手……そして香川……。香川は、来月初めてトーク＆ライブを主催してくださる、田中さんという女性が現れ、会の告知をして間もない時だった。なんだろう？とメールを開いた。

「えっ！　……」

一瞬、呼吸が止まった。なんと、『意識』の表紙に使った瀬織津姫の絵の作者が見つかったという！　うれしい……。あの姫の絵は大好きなのだ。あの目、あのイメージ、色・セオリツカラー……。なんとも言えない。一年間探し続けて見つからずに諦めかけていた。岡陽子さんというらしい。香川の方だったのか……。六月二〇日の初トーク＆ライブでご対面ということになった。田中さん、ありがとうございます！

感動の中、午後一時十五分、アリタリア航空便でローマ空港へテイクオフ。そうそう、ローマ空港の正式名は、レオナルド　ダ　ヴィンチ　フィウミチーノ空港。

青の洞窟

ローマのホテル〝ウニヴェルソ〟に着いたのは、もう夜中の十時。明日早朝からオプションツアーの『ゆったりバスで行くポンペイ、ソレント、カプリ、ナポリ一日観光』に出かけるので、すぐに寝た。

三日朝。七時半に集合場所へ。客も日本人のみ。日本人のガイド付き。安心のツアーが始まった。ローマはイタリアのだいたい真ん中だが、南のナポリ方面へと向かう。一番の期待は、カプリ島にある青の洞窟。今日は晴天なので観られる確率は高いが、現地に行ってみないと分らないという。その日、その時の風や潮の満ち引きで晴れていても入れない時も多いとのこと。

まずは、イタリアを代表する世界遺産のポンペイへ。二千年以上も前に栄えて、ヴェスビオ火山噴火によって埋もれてしまった町。五〜六メートルもの火山灰を取り払って当時の都市を露わにしたという。

バスは走る。ガイドさんは気さくで説明もうまい。

「右の先に見える並木がある道は、アッピア街道です」

紀元前三百年以上も前の道だそうだ。そしてトイレ休憩&買い物の店に入った。ここでの目玉は『キリストの涙』というワイン。Iさんが夜に飲みましょうと買った。結果、あまり美味しくなかった。まあ、安いワインだったたし、観光用の部類だからしょうがない。

再出発する。左手にヴェスビオ火山が見えてきた。1281メートルの山なのでそんなに高くはないが、周りに山がないので、大きく見える。これが紀元前後に大きな爆発を起こし、紀元七十九年の大爆発でポンペイを埋没させてしまった。その後も噴火を繰り返し最近では、1944年に噴火し、サン・セバスティーアーノ村を埋没させたというから、結構な火山だ。

高速出口に近づいてきたころから渋滞になり、動かなくなってしまった。ガイドさんの判断で、限りある時間を考え、インターを出てから徒歩で遺跡に向かうことになった。

遺跡の中では時間がないので走り歩き状態だった。ガイドさんは文字通り、走りながらの解説。かなりの都会だったことが分かった。紀元前でこの文化はスゴイ。またここには、日本の映画、『テルマエ・ロマエ』でも有名になったが、大衆浴場がある。そう、あの映画の舞台になったところでもある。あの映画のお陰で、日本人にはかなりウケのいい観光地になっただろう。

次はソレントまで行き昼食を取り、船に乗り青の洞窟へ向かうわけだが、渋滞でかなり時間をロスしたので、急遽、電車で向かうことになった。各駅停車の普通の電車に乗った。それがまた楽しかった。車窓から見るイタリアの風景が良かった。普通の家の庭にレモンの木があり、大きく真っ黄色のレモンがたわわに実っている。

駅名の看板（イタリア）

そして、ある駅に止まった時、思わす叫んだ。駅名が〝ＰＩＡＮＯ ｄｉ ＳＯＲＲＥＮＴＯ〟と書いてあったのだ。私がピアノ！ピアノ！って言っていたら、斜め後ろに座っていたイタリア人おじさんが、こちらに向かって自分はピアニストだと弾く真似をしたのだ。

「ウワ〜オ〜、ミートウー！　アイムピアニスト　ジャパン」

と言うと、このおじさんかなり驚き喜んで、周りにいた友人たちに、

ピアニストのおじさんと著者
（イタリア）

「こいつ日本のピアニストだってさ！」

と言った（多分）。それは我々日本人の観光客にもウケて、写真を撮ろうとなり、一緒にピアノを弾いているマネをしたのだった。ちなみにピアノとは小さいという意味。フォルテが大きい。ピアノの正式名称は、ピアノフォルテという。つまり小さい音も大きい音も出せる楽器という意味。当時は画期的だったのだ。ということで、この〝ＰＩＡＮＯ ｄｉ ＳＯＲＲＥＮＴＯ〟という駅名は、小さなソレントということだろう。

そうこうしている内に、ソレントへ着いた。昼食はピザとパスタだが、日本の方が美味しい。初めての本場の料理だったので、多少ガックリ。ビールも日本の方が旨い。

船が出た。ここは一応地中海だが、三重県の地中海村の方が地中海っぽい（笑）。まあ、地中海も広いのだ。ここからカプリ島へ渡る。数十分で着いた。そこでＦａｃｅｂｏｏｋでも交流のある、鹿児島のトーク＆ライブで知り合った寺澤さんから、船着き場近くの出店のピスタチオが美味しいから買ってみてとアドバイスを受ける。ちゃんと買えた。寺澤さんはマリアＦＡＢというのをやっておられるのだが、私の『マグダラのマリア』の曲に感動してくださったのだ。そうそう、成田でIさんが五人まで使えるＷｉＦｉ（イモトのＷｉＦｉ）を契約し、持ってきていたので、この地でもミクシーでもなんでも繋がり便利だった。

カプリ島の港から今度は小型の船で洞窟のある場所へ移動する。ガイドさんが言う。

「今日は風も波もなく、とてもいい状態のようです。潮も大丈夫そうです。洞窟の前まで行っても入れないこともあるんですが、みなさん運がいいですね！　ただ洞窟の前で混み合って三十分くらい待たないとならないかもしれません。では行ってらっしゃい！」

期待に胸が膨らんだ。洞窟の近くに着いたようだ。それからまた乗り変える。こんどは手漕ぎのちいさな舟。五人ずつ乗る。Iさんファミリー三人と他の日本人二人組が先に舟に乗った。そして残りの私たちと他の二人組も移り乗った。すると、Iさんらの舟がもう洞窟に入るという。早い……。三十分どころか五分ほどでもうスタートだ！

「行ってらっしゃい！」

しばらく待つと私たちの舟もゴーサインが出たようで洞窟に向かう。Iさんの舟が出てきた。

「最高でした！　きれいでした。美しかったです！」

（ウワ～……）

手漕ぎボートは洞窟の穴の前まできた。ボートのおじさんが、頭を下げてと言う。洞窟の穴が狭くて結構低いのだ。ついに入った。おじさんは入口に付けてある鎖を掴み中へボートを押し込む。狭くてオールが使えないからだ。工夫してある。入った途端、暗い……。何舟か入っている。一舟だけではなく数舟で中を回遊するようだ。奥までは十五メートルほどか。その奥まで着き方向転換をした。

（ウワ～……　キレイ……）

この時ぞとスマホとデジカメで写真を撮る。よくあることだが、スマホの方が綺麗に、実際の色が出ている（口絵8右上）。この世の色とは思えない。私はスターシア・レコードのセカンドアルバムのジャケットにしたらいいんじゃないかと閃いた。そして、この時。「シリウス ブルー」という言葉が浮かんだ。（そうだ。アルバムのタイトルにしよう……）

実質初日でこの旅の半分が終わった感じだった。それほどの満足を味わった。色のパワーはすごいな。それからまたナポリに戻り、そんなに美味しくない夕食を食べローマに戻ったのは、夜の十時半を過ぎていた。すぐに寝てもよかったのだが、希望者でホテルの近くのレストランに入り乾杯をした。そうそう、イタリアでは乾杯を「チン！」と言う。

バチカン美術館・マグダラのマリア

翌、四日。ローマ市内を観光する日。この日はとにかく歩いた。私たちはテルミニ駅側のホテルだったのだが、ローマの地図を片手に、というか結構大きな地図を何度も両手に広げ、確認しながら歩いた。

前日にIさんと相談しチョイスしたのだが、まずはトリトーネの泉。ローマにはロータリーのようなところの中心に泉・噴水が多い。絵になる。それからかの有名なスペイン広場へ。映画『ローマの休日』の舞台になったことでも超有名。記念写真をいくつも撮った。トリニタ・ディ・モンティー教会（丘の三位一体教会）のオベリスク※もカッコいい。スペイン階段を下りるとバルカッチャの噴水があるが、水の色が美しい。そして工事中で水が張ってなかったが、トレヴィの泉、ナボーナ広場へと歩いた。ここにあるパンテオンにはラファエロが眠っている。ぽっかり口をあけた天上から美しい光が差し込んでいた（口絵8左上）。

途中で、昼食を取ったが、ここでちょっと驚くことが、Iさんと私以外はジュースを注文したのだが、そのジュースは小さい紙パックのまま出てくるもの。そしてなんと私たちのビールよりそれが高かったのだ。以後、このローマではそれに驚くことの連続だった。

そして本日のメイン、バチカン美術館へと向かった。Iさんの奥さんの機転で、チケットを日本にいる時から予約していた。そうしないとディズニーランドのように待つという情報があったそうで、英語堪能な奥さんがやってくださっていた。それが想像以上に功を奏した。バチカン市国に入った。目の前にサン・ピエトロ寺院がある。（大きいな～）ローマ法王がいるところだ。

寺院の大きさに圧倒されながら、美術館のある右の方向に歩いて行く。かなり歩く。暑い……。すると人の列が見え始めた。予約してない人たちの行列だ。あの角を左に曲がったら入口があるのだろうと進むと、(えっ？)まだまだだ……。かなり歩いてやっと入口に着いた。奥さんはｉＰａｄを取り出し、係員に予約画面を見せる。「ＯＫ！」並んでいる人たちは二～三時間待ちだっただろう。今回のツアーでこの奥さんのｉＰａｄが大活躍。時代だな～。

美術館は想像以上に大きく広かった。さすがは世界でも名高い本場の美術館。左右の壁、天井、いたるところに絵がある。目も忙しい。人も多い。人の流れに乗って歩いていた時だった。イエスと分る人物の左下にたたずむ女性の方を指し言った。

「あれは、マグダラのマリアじゃない?!」

「あっ、そうですね。マグダラのマリアですね！」

その直後だった。バニラの香りが突然降ってきたのだ。みんな分かり仰天！　この人ごみの中で、意識をして言った途端の出来事、祝福にみんな感動したのは言うまでもない。その後、バニラが何度も注がれたのだった。姫様、マグダラのマリア様、ありがとうございます。

美術館を後にして、タクシーに乗った。向かうは〝真実の口〟。ローマってすごいな。有名なところばっかしじゃん。かなり飛ばすタクシーの運ちゃんが、止まった。あそこにあるよと言って行ってしまった。指さしたところを見ても何にもないような……。少し歩くと、五〜六人が道路端に立っていた。もしかして？　そうだった。ものすごく地味なところだった。とんでもなく有名で日本中の温泉やゲームセンターにも模型があるほどのホンモノが、こんなところに？　って感じ。

真実の口（イタリア）

結構早く順番がきた。入場料は無し。真実の口に手を入れる前に、係員にチップを出すだけで写真も撮ってくれる親切なところだった。なんとか私の手も取り出せて次の場所へ。

次は、フォロ・ロマーノと言って、古代ローマの遺跡へと歩く。途中、道端で人がたむろしていた。よく見ると、水を飲んでいる。お腹の心配をしたが、奥さんが、イタリアのこのような水は大丈夫だそうよって言うので、みんなで飲んでみた。それが美味しかったのだ。実際に大丈夫だった。

フォロ・ロマーノが見えてきた。これがまたスゴかった。神殿なのか普通の街中の柱なのか分らないけど、とにかくあのローマ〜！っていう感じの柱が大きい、高い！　これがすべて石。よく作ったな。よっぽどローマの王様は偉かったんだろう。何万人の奴隷？がいたのか？　凄すぎるぜよ。ローマを歩くとこんなことの連続だ。ここでインドのタージマハールを思い出した（『意識』参照）。あそこでも同じことを思った。しかし、ローマはそんなものがゴロゴロ……。

みんなの口が重くなった。足にきている。もちろん私もとっくにきている。しかし、もう少し。あと二ヵ所。しかし、その二ヵ所も省けない。だって、あの円形スタジアムの元祖、コロッセオだもの。そして、あの中学の美術の教科書にも載っていた、〝角の生えたモーゼの像〟だもの。『秘話』『意識』に登場した、能登は石川県のモーゼの墓の看板にも（最近変わってしまった）、その写真が使われているほどメジャーなモーゼを、実際にこの目で観なきゃ……。

モーゼの像（イタリア）

ウワ～……　見えてきた。コロッセオが（口絵8中左）。円形だ……。デカイな～。カッコいい。また奴隷の労働が目に浮かぶ……。クレーン車はなかったよな……。ピラミッドを作った方法と噂される石を浮かして……じゃないよな。じゃあ、どうやって作ったんだよ。やっぱし奴隷か……。足が痛い。全員、中に入る気力＆脚力は失せ、最終地のモーゼへと坂道を上り歩く。サン・ピエトロ・イン・ヴィンコリ教会にあるという。かなり大きな教会を想像していた。ところが、意外とこれがあまり大きくなく地味で、観光客もほとんどいなかった。

中に入ると右奥にそれはあった。あれ？　モーゼだけではなかったのか。周りに多くの人物の像がある。もちろん中心がモーゼ。写真を撮ろうとしたら、Iさんが、

「山水さん、お金を入れますよ。お金を入れると照明が数分ついて明るくなって写真が綺麗に撮れるって（笑）」

ローマ市内を歩く（イタリア）

やっとこの日の観光日程が終わった。とにかく歩いた。デン君はやはりスゴイ。弱音を吐かない。吐くのは大人だけ（私だけ？）。ホテル近くのレストランで夕食を食べホテルに着くと、昨日気が付かなかったグランドピアノを発見。なんとカワイだった。蓋を開けると、弾けないものだった。ほとんどの音が出ない。湿気で故障しているのだ。専門用語ではスティックと言う。数十年もの間、手入れをしていないのだ。四つ星が泣くぞ。ヨーロッパは乾燥していると聞いていたが、ここでも日本と同様になってしまうのかと、

調律師の顔になった。

※オベリスク
古代エジプトで製作され、神殿などに立てられた記念碑。近代および現代においては、エジプトに拠らず欧米の主要都市の中央広場などにも建てられている。ローマにはたくさんあった。

アッシジの白粉の香り

五日。さあ、この旅のもう一つの目玉というか、目的というか、楽しみにしていたところへ行く。ローマより北北東へ電車で向かった。

サン・フランチェスコ※がいたアッシジ。私は少なからず彼と縁があったのだ。といっても大したことはない。昔、この霊の世界を知ったばかりのころに、参加したある会の霊能者がメダルを配ったのだが、それがフランチェスコのメダルだったのだ。縁のあるものが届くという話だった。恥ずかしながら、当時私は彼を知らなかった。隣にちょうどクリスチャンがいたのだが、有名な聖人だと教えてくれた。

この旅で、再び彼の名が出てきてその当時のことを思い出した。また、フランチェスコは映画『ブラザーサン・シスタームーン』でも有名。感動の映画だった。彼は、宗教上、哲学的に特別造詣が深かったわけではないが、彼の清貧と愛が、民衆に深く限りない感動を与えたと言われている。ここが大切。真の聖人だ。

すべての宗教に言えることと思うが、仏教もキリスト教も上の位に行くにつれ服装が豪華になる。フランチェスコが時のローマ法王に訴え、ローマ法王も自身を恥じ、フランチェスコの足に接吻をもしたのに（真実かどうかは分からないが）、その後はどうか……。そんなことをも思いながら車窓の風景を見ていた。

アッシジの駅にお昼ちょうどに着いた。和《のどか》そのもの。まずは案内所で近くのサンタ・マリア・デリ・アンジェリ教会の場所を訊く。今は大きくなっているが、そこは元、フランチェスコが最初に建てた教会。映画にも出てくる。廃墟となった教会を建て直すのだ。誰しも第一歩は大変。そして大切。諺にも〝最初が肝心〟とある。

駅改札口の反対側にその教会があるので、マップを見ながら左手に歩いた。マクドナルドがあった。歩道はその前の道というか、線路の下に潜る道で反対側に行くようだった。その時、中学生のような男女七～八人がマックから出てきた。かわいいが不良を気取っている風に見えた。私はすぐに分かった。ジプシーのマネごとをする気だ。我々を狙っている……。

地下道へ下りるのに二通りのルートがあった。階段とループになっている道だ。我々はループを歩いた。彼らは階段から。階段の方が短時間で行ける。しかし、案の定、我々が来るのを待っていた。線路の下を歩いている時に囲まれる形になった。私はその前からサングラスをかけていた。少し威嚇になるからだ。また、サングラスはどこを見ているか分らないのでスリには効果的とガイドブックに書いてあった。反対側の上り階段に差し掛かった時だった。私の前を歩く少女が振り返った。みんなに合図をしようとしたように見えた。その瞬間、私はスマホストラップにつけていた四センチもないオモチャのハーモニカを、「プ〜!!」と吹いた。予想外の行動、音を立ててやったのだ。するとその娘は、こちらの思惑通り、びっくりした顔をし、拍子抜けしたように行動を止めた。聖地にもこのような子どもがいる。人間がいる。

実は、このハーモニカ。日本を出る前に、何かあった時の為にと思い付けてきたのだった。姫路の桑野さんからのプレゼント。それもメイドインＨＡＭＡＭＡＴＳＵ♪　このオモチャハーモニカが一難を回避してくれた。

サンタ・マリア・デリ・アンジェリ教会は良かった。今は大きなこの教会の中、当時の場所に当時の大きさで初代の教会が再建してあった。それから奥さんがネットで調べていた評判の店で昼食を取った。ここが今回のイタリアツアーで一番美味しかったかも。ジャガイモ料理が良かった。

ここからアッシジ幸運物語が始まる。

食事を終え、また駅の改札口へと徒歩で戻り、タクシーでスパジオ山の丘陵上にあるアッシジの中心部へと向かうのだが、六人なので二台又は、七人乗りの大きなタクシーがあればと思い、タクシー乗り場で訊いた。すると、「OK！　私の車は七人乗り！」と笑顔の長身男性がいた。「みんなで、これで行きましょう」と、行先のホテル名を告げた。「OK！」と笑顔のドライバーが出発。

笑顔のミュージシャン運転手と（イタリア）

どんどんスパジオ山を上っていく。山の中の街にホテルも密集している。街の入口から石を弾き詰めた道路を上がって、間もなくホテル〝GIOTTO〟に着いた。眼下に広がる景色が素晴らしい。ペテロ教会もすぐ下にある（口絵8中右）。

ホテルまで着く間に、Ｉさんと、このドライバーはなかなかいい感じだから、チェックインしてから向かうアッシジの聖地回りも、この人にお願いしようとなり、着いてすぐにドライバーに交渉した。すると「ＯＫ！」。その時だった。タクシーの後ろのボンネットに、〝Ｉ Ｌｏｖｅ Ｍｕｓｉｃ〟と書いてあったのだ。それを言うと、自分はミュージシャンだと言う。この人はＣＤも出しているアコーディオン奏者だったのだ。私もピアノを弾くミュージシャン＆コンポーザー（作曲家）だと話すと、「ウワオ〜！」と握手。この人は本当に正直でインチキもせずいい人だった。いいドライバーに巡り合い、結局翌日の予約もしたのだった。

まず、すぐに向かったのは、郊外にあるサン・ダミアーノ修道院。フランチェスコがキリストの声を聞き、フランチェスコ修道会が発祥した聖地。フランチェスコの有名な詩『太陽の歌』を唱えた場所でもある。彼の第一の信奉者であった聖キアラ（クララ）も暮らしており、信仰生活を送ったところという。クララは映画、『ブラザーサン・シスタームーン』でも印象的に登場する清楚な女性。

駐車場から入口まで歩く間に、甘い香りが降って来た。周りにはお花さんはない。しかし、少し進むと黄色い花があり、その匂いを嗅ぐと甘い香りがした。先ほどの香りと似ている。

〜ここで、甘い香りワンポイントレッスン。これまでの私の数えきれない体験を通しての考えだが、姫様は何もないところから香りをプレゼンしてくださる時もあれば、近くにあるもの（お花など）を使って、そこまで香りを運ぶといった時もあるように思う。この時はそれだった感じがする。『意識』に記した、インドでのパールワティーの花の香りもそう。〜

修道院が見えてきた。とてもいい感じ、氣が満ちている。中に入ると。フランチェスコがイエスの声を聴いたという十字架もあった。修道院を抜けると山の遊歩道があり、フランチェスコもそこを歩いていたという。各部屋をくまなく見て歩き、もうすぐ遊歩道に出る最後の館に入りしばらくすると突然、白粉《おしろい》の香りがしてきたのだ。前方に外人の女性がいたので、その人のファンデーションかな？　と思ったり、もしかして姫……と思ったりしていた。しかし香りが途切れない。外人ではなかったようだ。最後の部屋を出て、みなさんを待っていた。

「すごい！すごい！　白粉の香りが！」

宮谷さんが興奮して出てきた。

「最後の部屋にあったマリア様とイエス様の作品から出てるの！」

サン・ダミアーノ修道院内
（イタリア）

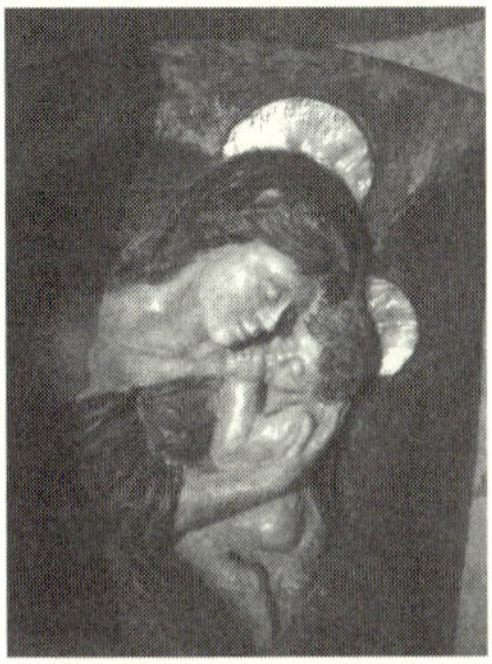
白粉の香りを出した作品
（イタリア）

部屋に戻り、その作品の前に立った。本当だ！　フワ〜ッと白粉の香り噴き出している。これだったのだ。もちろん、年柄年中ここから香りが出ているのではない。姫様の祝福なのだ。感謝。

山道の散歩もよかった。途中に、フランチェスコが寝そべって瞑想をしていたというところがあり、そこにフランチェスコの青銅器が横たわって寝ていた。みんなそこで同じように思い思い寝そべっている。私たちもやってみた（口絵8右下）。一般的には、だらけているという風にみられそうだが、なんせフランチェスコがやっていたと思うと、気が楽(笑)。こうしているとフランチェスコの好きだった自然の音がいろいろ聴こえてくる。小鳥のさえずり、風の音……。

最近思うのだが、眠ることが最高の瞑想ではないかと。だったら日中にやることないんじゃないかな。実際私は、夢の中でメロディーが降りてくる。

土産物売り場でいろんなグッズを見ると、フランチェスコの象徴で、T※の文字やハトが目立った。ハトといえば思い出す。そう、愛読者は分かるであろう。『愛舞』に写真も載せ記したが、私の三年前のバースデイに起きた出来事。埼玉県朝霞市の駅近くで二度、ハトに囲まれたのだ。十数羽のハトが、飛んだままの体制で私を丸く囲んだ。歩いていた私にそうしてきたわけだが、私はしばらく動くことができなかった。摩訶不思議な体験だった。即あれを思い出してしまった。

また彼の象徴の一つの清貧。イエスがそうだったからと彼は訴えた。確かに政治家も大金持ちも、そこから離れれば離れるほど『真』から遠のく。こうしてフランチェスコは、いろんなことを考えさせてくれる。

笑顔のドライバーが約束の時間に待ってくれていて、最後にアッシジのシンボルの聖フランチェスコ聖堂へと向かった。伝説に、ゲーテはこのアッシジに来たのにこの聖堂に立ち寄らなかったため、密売人と勘違いされ警察に訊問されたという。笑ってしまうが実際にあったらしい。おお……それなら私も一応見ておかねばと、みんなと一緒に広い広い教会の中を歩いた。フランチェスコの墓の建物も中にあった。歌でもないが、墓に亡くなった人がいるわけではないが、我々が意識し、手を合わせるともちろんそこにも来てくださる。要は心。

右側にマグダラのマリアの像もあった。ガラスかプラスチックだか、透明な板に名前が書いてあり素敵だった。その付近にミカエルの像もあったが、甘い香りが来てみんな分かった。感謝。

※サン・フランチェスコ

聖フランチェスコは（１１８２年〜１２２６年）、裕福な家庭に育ち放蕩生活を送っていた。騎士になろうとフランスに行き軍隊に入隊。しかし捕虜になってしまい、二十三歳の時に熱病にかかる。この時、キリストと聖母マリアの姿を見るという体験をした。彼は自然を愛した。厳しい戒律を定め活動を開始した。それは、財産を放棄し清貧と福音に徹するという厳しいものだった。１２１０年、教皇インノケンティウス３世に謁見し、修道会設立の許可を得てウンブリア、トスカーナで布教を始め、キアラ（クララ）にクラリッセ修道会を設立するように励ました。１２２４年。フランチェスコの身体に、十字架に磔刑にされたキリストと同じ聖痕が現れ、後にキリストの再来とも言われるほどの聖人となった。ちなみに、サン・フランチェスコに因んで命名された都市が、アメリカ合衆国西海岸の都市サンフランシスコ。

※Ｔの文字

ヘブライ語のアルファベット最後の文字で、〝人類のための神による救済と愛〟を意味するとされ、サン・フランチェスコの象徴として使われるようになった。

フィレンツェ

旅も終盤に近づいた。六日の朝、笑顔のドライバーが迎えにきてくれ駅へ。最終滞在地のフィレンツェへまた電車で向かった。二泊する。このフィレンツェの語源だが、古代ローマの時代、花の女神フローラの町、フロレンティアと名付けた事が語源とされるそうだ。それはいい♪

ここは十五世紀のルネサンスの文化の中心中の中心。ボッティチェッリ、レオナルド・ダ・ヴィンチ、ミケランジェロ、ラファエロなどの巨匠が活躍した。十六世紀にはかのガリレオ・ガリレイもいた。スゴすぎる。

ヴェッキオ宮殿前（イタリア）

フィレンツェのホテルは〝ホテル ローマ〟。駅から歩いて荷物（コロコロ）がなければ五分くらいのところ。

チェックインしてからみんなでいろんなドゥオーモを回った。ここフィレンツェでは大聖堂のことをそう呼ぶそうだ（林家三平ではない）。さすがは？フィレンツェ。ほとんどが入場料を取る。かといってそんなに魅力を感じなかったので、待ち時間も長そうだし、ほとんど外から見ただけで入らなかった。

ヴェッキオ橋からの風景（イタリア）

何だかこの街の教会は、金持ちの所有で純粋さを感じられないものが多かった。教会ではもうなくなっていて、美術品の展示館になっているって感じか。昔の（ルネサンス）栄光で食っているという街なんだな。もちろん、サンタ・マリア・デル・フィオーレ大聖堂やヴェッキオ宮殿は、外から見ているだけでスゴイと思ったし、それなりに美しいとも思った。ヴェッキオ宮殿ではミケランジェロの作品、ダビデ像も（レプリカだが）、この写真のように立派に立っている。

この日は映画の撮影だったようで、規制があった。そういえば、『ダビンチ・コード』もここを舞台の一つに使った。将来この日の撮影の映画が観られるのだろう。楽しみだ。

フィレンツェ最古の橋・ヴェッキオ橋も渡った。絵になる橋だ。橋の上は土産屋通りだった。貴金属店が多い。もう身に付ける欲望は無くなっているが、元々、宝石大好き少年だった私。久しぶりに目の保養になった♪

橋からの風景もいい。決して川の水もきれいではない。しかし、なんだか古きよきヨーロッパ……っていう感じがする。不思議なものだ。渡り終えると左手にジェラート屋が。そこでみんなで一服。ジェラートも日本の方が美味しい？

それからタクシー二台で、町の東南の丘の上に位置していて、フィレンツェの街を見渡せる展望台として有名な、「ミケランジェロ広場」へ向かった。

うん、いい眺め。やはりダビデ像のレプリカがある。ここのは青銅器で緑色。帰りはバスで帰ろうとなり、ゆっくりと過した。

夕食に選んだレストランで、イタリアに来て初めて美味しいビールを飲めた。初めてドイツビールのある店を見つけられたのだ。それはもちろんヴァイツェンタイプのビール。そう、私の好きな銀河高原ビールの本家本元の種類。今や、日本の岩手の銀河高原ビールはヨーロッパのビールよりも美味しいとも思ってしまうくらいの味なのだ。それで、どれどれ……とIさんと喉を通らせた。

「うう……　うまい……」

これは美味しい時の銀河だ！　地ビールは毎回、毎樽ごとに味が微妙に違ってしまう。つまり美味しい時と、そうでない失敗の時もあるのだ。銀河もそう。しかし、この本家本元は美味しかった。何杯もおかわりした。

翌七日。さあ、多分イタリアでも指折りの観光地、ピサの斜塔へ。ここもタクシーを使っ

ピサの斜塔を支える著者
（イタリア）

た。ピサの斜塔はここもIさんの奥さんが調べてくださっていたのだが、上まで上るのに予約が必要とのことで、事前に上るかどうか訊かれていた。私は膝の心配もあるし、三半規管が弱いので、まず上るのは無理と判断した。結果、奥さんと宮谷さんの二人が予約していた。

　タクシーを降りしばらく歩くと、おお……斜塔が見える。へ〜本当に傾いている。広場と言うか、

香水を売る店員（イタリア）

公園のようになっている。うう……、やはりダメだ。私は見ているだけで気持ちが悪くなってくる。上がらなくて正解だった。でも一度は来て目で観られて良かった。ここでは甘い香りは来なかった。当たり前か。写真はみんながやっていた、斜塔を支えているポーズ。

　フィレンツェ中心街へ戻る。サンティッシマ・アンヌンツィアータ薬局にも入った。ここは四百五十年も続く薬局だが、香水も売っている。全世界の観光客がいろんな瓶を開け、匂いを楽しんでいる。

私はもちろん……。

（姫がくださる香りが世界で、いや宇宙で一番。どんな香水もかなわない……）

この薬局には美術館のような部屋もあった。さすがはフィレンツェの老舗。そこにはイエスの物語を描いた絵画がたくさんあった。その中でもやはりイエスとマグダラのマリアの作品に釘づけとなった。イエスの手には聖痕も描かれている。

イエスとマグダラのマリア
（イタリア）

この最終日もたくさん歩いた。夕食も済ませ、ホテルに帰ってから、屋上から夜景も見られると知ったので上がってみた。いい風景だった。いかにもヨーロッパって感じ。私も過去世でヨーロッパにいたと思うのだが、フィレンツェはどうだったかな～。斜め上空には、つんせい（金星）もよく見えた☆

ミラノの奇跡

翌、八日は最終日で、この日の昼からまたローマ空港より日本へ戻る。昼の電車でローマ空港へ向かう予定。

目覚ましを七時半にしていた。まだ目覚ましが鳴る前の早い時間に目が覚めて、何気なしにスマホを手に取り、六時半か……と時間を見ていた時だった。急に電話着信の画面に変わった。私は寝る前に着信音をゼロにしているので音は鳴らない。日本からと表示されている。

「はい……」

それは日本の旅行代理店で、このツアー担当の人だった。昨日、ローマ空港内のレストランで火事があり、ほとんどの便が欠航となり、成田行きもそうなってしまったと。それで、急遽、北へ電車で向かってもらい、ミラノ空港から乗ってくださいませんかという話だった。ミラノ空港も二つあり、リナーノではなく、マルペンサ空港とのこと。そこで、私がみなさんを代表して決断をしないとならなくなってしまった。今、決断してくだされば、成田空港へ着く予定時刻とほとんど変らない便で帰れるという。飛行機の座席予約をしなくてはならない。飛行機代金は大丈夫だが、ミラノまでの電車代は出ないと言う。そんなことを言っている場合ではないので、ではよろしくお願いしますと返事した。早く目が覚めて難を逃れたことだが、まるでケルトツアーの時とそっくりだ（『愛舞』参照）。一見偶然に見えるが、これも姫様の助け舟の一つと思う。

すぐにみんなに電話して説明を繰り返した。で、午前中はショッピングの予定だったが、その時間もなく、即、駅に向かいミラノ・セントラル駅までの新幹線を予約した。取れた。セントラル駅からは、空港までのバス、マルペンサエクスプレスに乗り換える。私は必至にメモしたことを繰り返し伝えた。

この時、何かあるのかな?っと頭を過った。姫が何かやろうとしているのかな?と。実は、このことは、みんなも考えていたと後で分かったのだった。

なんとかテイクオフの二時間前に、ミラノ空港へ着けた。ホッとした。荷物を預け、出国手続きも済ませ、昼食を取り、最後の買い物もしてゲートへと向かっている時だった。

「あれ、ピアノの音が聴こえますね。あれはBGMでなくて生演奏ですね～」

と私が言った。Iさんと私はビールも飲んでほろ酔い気分だった。

やはり見えてきた。若い男性ピアニストがクラシックを弾いている。それが終わってピアノの陰で休憩をしているようだった。(まだ何曲か弾くのだな……)洒落た空港だ。グランドピアノの生演奏があるなんて。それも赤じゅうたんの上にセットしてある。さすがはイタリアだオシャレ♪　酔って気が楽になっている私はピアノに近づいた。なんとヤマハだった。

「Iさん、これヤマハですよ。ヤマハ！　びっくりだな～」

と話していたら、先ほど演奏していた男性とマネージャーみたいな女性が近寄ってきた。気分がいい私は、彼らに向かって、

「オウ〜、ヤマハピア〜ノ〜。アイアム　ジャパニーズピア〜ニスト」

すると、男性がイタリア語でベラベラと話してきた。私には機関銃のようで何を言っているかさっぱり分らない。しかしひるまず、

「オウ〜、メイアイ　プレイ　ピア〜ノ〜?!」

と言った（笑）。すると彼は向うを指さした。すると向うから女性が歩いてきた。

（はっはあ〜ん……　責任者だな……。この女性が決定権を持っているので、彼女に訊いてくれと言ったのか……）

その方がニコニコ顔でイタリア語を連射する。どうせ分らない私は、またまた酔った勢いイングリッシュを二倍返しした。

「アイアム　ジャパニーズピア〜ニスト　アンド　コンポーザー　メイアイ　プレイ　ピア〜ノ〜?!」

「ウワオ〜！　ブラボ〜！　プリーズプレイ!!」

これだからイタリアは物が生まれるのだ。ピアノしかりコーヒーメーカーしかり、いろんな美術芸術品がだ。日本だとまずダメと言われる。契約してない部外者はと認められない。

どんな田舎へ行ってもそうだ。いや、日本は田舎の方が封建的でなおさらだ。イタリアはスゴイ。感動した。

さて、何を弾くか……。あれだな……。『愛※しくて切なくて～私は龍になる～』を弾こう。というか、実はもう最初からこれを弾くと思ってしまっていた。私のどこかの感覚で、もう弾くことになっていると解ってしまっていたのだ。どこかって？ それはどこかの次元で……。言葉ではなかなか表せないが、もうこうなると、どこかで解ってすべて言動している自分もいたのだ。せっかくだから伝わらなくとも、もう少し書いてみよう。前著『意識』で私は、自分の意識、思いは瀬織津姫と同一だと記した。これなのだ。私が思ったことは、瀬織津姫の思ったこと、意識したこと。思ったように、浮かんだように周りが動く。

赤じゅうたんの上に上がった。責任者がマイクでアナウンスをし始めた。多分、ここで日本のピアニストに特別演奏をしてもらいます……って言ったのだろう。私※は弾き始めた（口絵8左下）。

「ブラボー！」

大きな拍手が鳴った。私は許してくれた男性ピアニストの彼にも頭を下げ、赤じゅうたん

ミラノ空港責任者と著者（イタリア）

から下りた。それからみんなが寄ってきてくれた。例の責任者も感動したと言いにきてくださった。そして名刺交換をした。

宮谷さんが満面の笑顔で言った。

「やっぱりなんかあると思ったんよ。ローマ空港でなくなったと聞いた時、瀬織津姫様がなんかやるんとちがうかな～と。なんかやらはるような気がしてたんよ。これやったんよ！　この奇跡やったんよ！　ホンマに感動した～!!」

こうしてイタリアツアーの最後を、瀬織津姫大神に祝福していただき、日本に戻った。帰国してすぐスタートしたのは、幸村みよさんの、『夢見る望遠鏡』の主題歌制作だった。タイトルはもう決まっている。『Magical《マジカル》 Telescope《テレスコープ》』。映画にもチョイ役で出る予定。

そして、スターシア・レコード、セカンドピアノアルバム『シリウス・ブルー～倍音の宇宙～』の制作。このイタリアの旅が大きなコンセプトになった。インスピレーション抜群のイタリア♪　行って良かった。さすがは芸術の原点の地。

この『シリウス・ブルー』に、社長からのリクエストで『瀬織津姫』を入れることとなった。私がピアノ一本で瀬織津姫を弾く。姫を奏でる……。

※『愛しくて切なくて～私は龍になる～』
　スターシア・レコードのファーストアルバム『For Maria Magdalene』収録の『愛しくて切なくて』をアレンジし、ヤンズレーベル四枚目『やまみずはるお』において『愛しくて切なくて～私は龍になる～』になったのだが、平成二十七年十二月二十日リリースの『シリウス・ブルー』には、『私は龍になる』のタイトルで収録。アレンジとともにタイトルが変化していくのも楽しい。

※私は弾き始めた
　この時の演奏は、YouTubeでも観られる。〝ミラノの奇跡　山水〟で検索すれば出る。調律の狂いやミスタッチはご勘弁願う。

エピローグ

この『次元』の期間で、祓戸神社を六社、瀬織津姫本名表記で祀る社を四社、いや、第六章に登場する六所神社を含めると五社となるので、計十一社も瀬織津姫の神社が達成ツアーから増えたことになる。そうそう、ハワイのヒロ神宮も加えておかなければならない。計十二社だ。本当にうれしい。もっと見つかっていくものと思う。読者のみなさんも、「ここにもありました！」と連絡くだされればありがたい。

最近私は、ブログなどで読者&リスナーの方に、楽聖・ベートーヴェンの映画、『敬愛なるベートーヴェン』をぜひ観てくださいと薦めている。彼のことは『姫・シ♭』『命・シ♭』に多く記した。『命・シ♭』では、〝ラ〟に登場させた。

この映画の中で、彼はこう言っている。

音楽は空気の振動だが
神の息吹だ
神に語りかける

神の言葉だ
音楽家はもっとも神に近い存在だ
神の声を聞く
意志を読み取る
神を讃える
子供たちを生み出す
それが音楽だ
でなければ
音楽家は必要ない

彼は自分が神と知っていた。確信というより、そのものと解っていた。私もこの瀬織津姫大神の調律・イニシエーションにより、解るようにしていただいた。

この書にも何度か名が出るサラちゃん（サラ・トゥヴァイアス）も、彼からのメッセージとして次の言葉を受け取っている。

「私は神であった。神そのものを音楽で奏でていた。私は自分自身が神だと知っていた」

自分の作る（作らされている）音楽が、どのように評価されようが、すべての芸術家は、ただ創作し続けるだけ。私も瀬織津姫を想いながら、降って来るメロディーを一旦預かり、宇宙に放ちお返ししている。

おわりに

『瀬織津姫次元 ～縄文の女神の調律《イニシエーション》～』を最後まで読んでくださり、ありがとうございます。気が付くと一年間にハワイ、インド、イタリアと三回も海外に行っていました。もちろんこのようなことは人生初めてです。思えば、八年前のデビュー本、『瀬織津姫物語』で予言されたことが、今振り返るとことごとく当たっています。そう、瀬織津姫に会いに全国を旅するかもしれないし、瀬織津姫との関係もわかるかもしれない。海外へも行くことになるでしょうと……。二番目は内緒ですが、完璧です。

最近思います。継続は力なりという言葉がありますが、瀬織津姫は黙々とあること、自分の決めたことを続ける人が好きなような気がします。ということは、神はそうなのですね。それが宇宙の基本なのでしょうか……。そうでないと宇宙の動きが止まってしまいますね。そう考えると、神にとっては当たり前のことなのでしょう。

この継続についてですが、最近思ったことがありました。十年近く前から動かされるように突然、全国の瀬織津姫を祀る神社を探し参拝する旅を始めた私。辛いとか苦しいといった思いは一切ありませんでしたが（金銭的に辛かったですが）、時より、（いい年して働きもせずに、こんなことをしていていいのだろうか……）と虚しくなったものです。初めての土地に、山奥に来て、なかなか神社が見つからず、日も暮れてくると、自分は一体何をしているんだろう……と、淋しい気持ちになった時もよくありました。

姫様は、そんな私を見て、時より甘い香りを降らせてくださったのかもしれないと。

「貴方は一人でないのよ。いつもこうして私が付いているから」

と、分かるように香りでサインをくださっていたのかも……。

確かに何にもないところで、お花の香りが降ってくると、驚き放心状態の後、歓喜に胸が躍ったものです。感謝の念が溢れました。零《こぼ》れました。水平虹の出現や人の出現&手助け、甘露も……。それでもその香りを追い求めることはしなかった。そんなことの為に自分は動いているわけではないと。

これらの体験で、姫様は絶えず私を見てくださっていると解るようになり、自分と姫は一心同体と解り、自分は神なのだと解る次元まで、一歩一歩、一音一音、調律してくださったのです。これらのことを理解できるように、姫様は私が十八歳の時、音大の作曲科ではなく、ピアノ調律科に入れたのではないかと思うようにもなりました。

バンドで「一番基本で重要なのはベース」という言葉もありますが、音楽全般で考えると、やはりスタートの調律です。その基本中の基本を学んだことにより、同じ音楽をしていてもやはり違うものがあるのです。その辺は『528Hzの真実』を読んでいただいた方は分ると思います。感謝以外なにものでもありません。

最後に、この『次元』を含め、これまでの瀬織津姫シリーズを愛読してくださったみなさまに、感謝申し上げます。全国でこのシリーズを待っていてくださる方々から、私は大きな喜びをいただきました。姫旅の心の支えになっていたことも確かです。絶対とは言いませんが、瀬織津姫次元になりたい方は、私の本とCDをすべて読み聴きしてください。もちろん何度も繰り返しが大事です。これらは姫様のプレゼントです。そして旅をすることです。すると自然に姫スイッチが入り、憶念の人となることでしょう。まずこれが基本ですね。

大変ご苦労をおかけしました編集の笠井理恵さん、ありがとうございました。いくつものシリーズを出版してくださりました、ナチュラルスピリット社の今井博央希社長、感謝申し上げます。(スマホ会社の、〝せおりつひめ〟を変換して漢字に入れてくださった方、感動しました。)

そして姫。いつもいっしょだよ。

平成二十七年十一月

著者

付録　私が参拝した瀬織津姫の神社寺一覧

（平成二十五年十一月〜平成二十七年五月）

前シリーズ『瀬織津姫意識』原稿完成以降に参拝した、瀬織津姫の本名・別名で祀ってある寺社です。本殿または末社に祀ってあると判明しているところ、確信は得ていないがそう判断したところ、特別に載せたい気持ちがあったところ、そして仏、観音の名で祀られている寺も含まれています。これまで出版してきた七シリーズに載せた寺社にその後も参拝していますが、新たな寺社のみ載せております。また、饒速日命関連も載せました。今後も瀬織津姫のみならず別名で祀る寺社もまだまだわかってくることでしょう。これからも全国（世界）を旅いたします。見かけましたら声をおかけください。姫の話をしましょう。

青森県　十和田湖町　十和田神社
　　むつ市　恐山菩提寺
秋田県　男鹿市　赤神神社五社堂
千葉県　成田市　成田熊野神社境内社　祓戸神社　機織神社
　　流山市　諏訪神社境内社　祓戸神社

野田市　小町弁財天
木更津市　我妻神社境内社　水神様
富津市　我妻神社（※）
東京都　青梅市　御岳山　綾広の滝　祓戸大神
狛江市　泉龍禅寺　福徳弁財天　青渭神社
府中市　瀧神社
台東区　元三島神社　小野照崎神社境内社　織姫神社
北区　八雲神社境内社　水神社
世田谷区　六所神社
埼玉県　神川町　金鑽神社末社　祓戸神社
神奈川県　海老名市　有鹿神社
座間市　妙法山星谷寺
相模原市　有鹿神社奥宮（勝坂遺跡公園内）亀ケ池八幡宮境内社　祓戸社
勝源寺　春日神社境内社　水波能賣神　石楯尾神社
藤野神社　中野神社境内社　厳島神社
横浜市西区　浅間神社境内社　小御嶽神社（※）

川崎市　橘樹神社（※）　富士見台古墳（※）
横須賀市　走水神社境内社　水神社

新潟県
村上市　大山祇神社　多伎神社　石船神社　川内神社（三宮）
新発田市　二王子神社内　瀬織津姫神
十日町　松陰寺（※）　松苧社（松之山湯山）（※）　松苧神社（松之山浦田）（※）
上越市　岩殿山　明静院（※）

富山県
南砺市　高瀬神社
砺波市　五ケ神社
黒部市　黒部川神社　愛本姫社
射水市　加茂社
八尾町　杉原神社境内社　水分社

石川県
金沢市　波自加彌神社境内社　榊葉社
津幡町　倶利伽羅神社

山梨県
富士山五合目　小御嶽神社

静岡県
御殿場市　大乗寺
森町　天宮神社境内社　池畔社

三重県　志摩市　天真名井神社（間崎島）
大阪府　大阪市北区　露天神社（お初天神）境内社　祓戸神社
　　　　枚方市　饒速日命墳墓　龗神社
　　　　交野市　機物神社奥宮　交野山頂観音岩　哮ヶ峰　星田寺
　　　　星田妙見宮境内社　鎮宅霊符社　星田社境内社　交野社
　　　　東大阪市　石切劍箭神社境内社　水神社
奈良県　御所市　高鴨神社境内社　祓戸神社、細井神社
　　　　吉野町　吉野水分神社　金峯山寺蔵王権現　勝手神社　吉水神社（※）
　　　　桜井市　若桜神社境内社　祓戸神　聖林寺　瀧蔵神社（※）
　　　　　　　　撞榊厳魂天疎向津姫命神社　小夫天神社境内社　高龗神社、祓戸神社
　　　　天理市　大和神社境内社　高龗神社　和爾下神社境内社 高龗神社（櫟本町２４３０）
兵庫県　宝塚市　中山寺
愛媛県　松山市　國津比古神社（※）　櫛玉比咩命神社（※）　荒魂神社　木野山神社
　　　　　　　　高縄神社　伊豫豆比古命神社（椿神社）境外末社　水波能賣大神社
　　　　　　　　白石龍神社（※）　正八幡神社境内社　水神社
　　　　今治市　大山祇神社境内社　下津社　霧合滝観音　真名井神社（※）

西条市　伊曽乃神社境内　木花咲耶姫像（※）

山口県

柳井市　氷室亀山神社

周南市　貴布祢河内神社

美祢市　水神社

山口市　八阪神社

長門市　八幡人丸神社　二尊院（※楊貴妃の墓）

下関市　竜王神社境内社　河内神社、貴船神社　清末八幡宮境内社　水神社

福岡県

直方市　龍王神社（竜王峡キャンプ村内）

北九州市八幡北区　仲宿八幡宮　枝光八幡宮

八幡西区　鳥野神社　貴船神社

荒生田神社

八幡東区　勝山勝田神社境内社　貴船神社　豊日別神社　天疫神社

小倉北区　到津八幡神社境内社　貴船神社、水神社　水神社

貴船神社　角神社　貴布祢神社

水巻町　貴船神社　川守神社　伊豆神社境内社　貴船神社

遠賀町　八剣神社境内社　貴船神社　伊豆神社　井出神社

大分県　国東市　慈雲寺（※）
　芦屋町　速瀬神社
長崎県　雲仙市　岩戸神社　川上神社　湯江教会（※）
　大村市　市杵島姫神社　八巻大弁財天宮　鹿の島弁財天神社
　五島市　水神社（高田町）水神社（増田町）水神社（木場町）
　長崎市　水神社（河内町）松森天満宮境内社　水神社
　佐世保市　水神社
鹿児島県　鹿児島市桜島　月読神社（※）姫宮神社（※）
　屋久島　益救神社（※）八筈嶽神社（※）八幡宮（※）
ハワイ　ハワイ島　ヒロ大神宮
　オアフ島　石鎚神社（※）ハワイ大神宮（※）琴平天満宮社境内社　大瀧神社
　　ハワイ出雲大社（※）
　カウアイ島　ヒンズー寺院（※）
インド　ブッタガヤ（※）クリシュナ生誕地（※）
イタリア　カプリ　青の洞窟（※）
　ローマ　バチカン美術館（※）パンテオン（※）

サン・ピエトロ・イン・ヴィンコリ教会（※）
アッシジ　サンタ・マリア・デリ・アンジェリ教会（※）
サン・ダミアーノ修道院（※）　聖サン・フランチェスコ聖堂（※）
フィレンツェ　サンティッシマ・アンヌンツィアータ薬局（※）
（※は特別に載せました）

著者略歴

山水 治夫（やまみず・はるお）

昭和30年代２月20日生まれ。越中出身・武蔵国在住。

音楽家庭に生まれ、８歳より作曲をする。

国立音楽大学別科ピアノ調律専修科卒業。

有限会社ヤンズ代表取締役、ヤンズレーベル主宰。

作詞作曲編曲プロデュース、ピアノ調律師。

国立音楽大学楽器技術研究会、日本音楽著作権協会、日本作曲家協会、インディペンデントレーベル協議会会員。

著書:『瀬織津姫物語』『瀬織津姫秘話』『瀬織津姫愛歌』（以上、評言社刊）、『瀬織津姫伝説』『瀬織津姫神話』『瀬織津姫愛舞』『セオリツ姫・シ♭』『528Hzの真実』『瀬織津姫意識（上・下）』『ニギハヤヒ・シ♭』（以上、ナチュラルスピリット刊）。

CD：『瀬織津姫』『姫』『命　～ミコト～』『三次元のロマン』『やまみずはるお』（ヤンズレーベル　他、８作品）、『For Maria Magdalene』『Sirius Blue』（スターシア・レコード）

山水 治夫公式ブログ
http://love.ap.teacup.com/f000401

瀬織津姫次元
縄文の女神の調律《イニシエーション》

●

2016年2月20日　初版発行

著者／山水治夫

編集・DTP／笠井理恵

発行者／今井博央希
発行所／株式会社ナチュラルスピリット
〒107-0062　東京都港区南青山5-1-10
南青山第一マンションズ602
TEL 03-6450-5938　FAX 03-6450-5978
E-mail：info@naturalspirit.co.jp
ホームページ http://www.naturalspirit.co.jp/

印刷所／株式会社暁印刷

ISBN978-4-86451-195-7　C0014